Björn Ulbrich, Holger Gerwin

Der Tag der Sonne

Lebendige Zeremonien und zeitgemäßes Brauchtum zur Feier der Sommersonnwende

Arun

Das Titelfoto zeigt Romana beim Sammeln von Sommerblüten und Kräutern, mit denen später die Heilige Mitte unter dem Feuerstoß, der Altar und die Festtafel dekoriert wurden. Auch der Sonnwendbuschen wurde daraus gebunden und der Boden der Schwitzhütte damit ausgestreut.

Die Deutsche Bibliothek - CIP-Einheitsaufnahme

Der Tag der Sonne : lebendige Zeremonien und zeitgemäßes Brauchtum zur Feier der Sommersonnwende / Björn Ulbrich; Holger Gerwin. - Engerda : Arun, 2001
    (Edition Björn Ulbrich ; Bd. 7)
    ISBN 3-927940-91-7

Copyright © 2001 by Arun-Verlag.
Arun-Verlag, Ortsstr. 28, D-07407 Engerda,
Tel.: 036743/233-11, Fax: 036743/233-17,
E-mail: info@arun-verlag.de, Internet: www.arun-verlag.de
Titelbild: Bärenfalke.
Band 7 der Reihe Edition Björn Ulbrich.
Gesamtherstellung: WB-Druck, Rieden.

Alle Rechte der Verbreitung in deutscher Sprache und der Übersetzung, auch durch Film, Funk und Fernsehen, fotomechanische Wiedergabe, Ton- und Datenträger jeder Art und auszugsweisen Nachdrucks sind vorbehalten.

ISBN 3-927940-91-7

Inhalt

Die Götter sind tot – es leben die Archetypen!	7
Die Elemente	32
Der Ursprung des Sommersonnwendfeuers	44
Praktisches zum Ablauf	49
Die Heilige Mitte zur Sommersonnwende	51
Symbolgebäck zur Sommersonnwende	56
Sonnenwende – ein ganz persönliches Ereignis	60
Feueropfer	62
Sommersonnwende und Ahnengedenken	69
Der Feuerstoß	70
Das Elemente – Mysterienspiel	74
Feuerräder	88
Räderrollen und Scheibenschlagen	92
Feuersprung	95
Sonnwendtanz	96
Die Heilige Hochzeit	103
Sonnwend – Schwitzhütte	110
Mittsommer mit Aborigines	122
Eine persönliche Sonnwendbeschreibung…	124
Danksagung	126

sonnwendaltar im tempel

Die Götter sind tot – es leben die Archetypen!

„Nein, nein, der Eingang der Schwitzhütte muß genau nach Osten ausgerichtet sein, das hier ist 70 Zentimeter zu weit rechts! ... Nicht diesen trockenen Ast da, alle Ruten müssen in der letzten Vollmondnacht gebrochen worden sein! ... Genau hier muß das Feuer hin, rein geomantisch ..."

Kennen Sie diese Sorte Dogmatiker und Pedanten? Die den Wald vor lauter Bäumen nicht sehen? Es ist erschreckend: keine Gruppe ist zu klein, kein Thema zu speziell, als daß sich nicht ein paar Profilneurotiker finden, die das Thema – wir unterstellen: zufällig – zu ihrer Bühne machen. Ein gefundenes Fressen für mögliche Gegenspieler, denn anhand der persönlichen Defizite einzelner Protagonisten läßt sich der ganze Standpunkt und damit auch alle übrigen Vertreter trefflich diskreditieren. Würden derart „nützliche Idioten" nicht wie auf Bäumen wachsen, so könnte man sie immer noch gezielt aufbauen – Handbuch der Propaganda, Kapitel eins. In jedem Fall gilt: Gehört wird der, der laut ist, und nicht der, der Recht hat. Wir lernen dies täglich: ein paar Chaoten bestimmen das Bild der Umweltschützer, eine Handvoll Glatzen sorgt dafür, daß jede berechtigte Kritik an offensichtlichen Mißständen per se schon unsittlich ist, Fußballfans sind immer Hooligans, und naturreligiöse Menschen sind eben zwingend esoterische Spinner ...

Um so wichtiger, daß die große Mehrheit der Vernünftigen, der Bodenständigen, der Konstruktiven, den Mut nicht verliert und unbeirrt ihr Vorbild lebt. Nur wer selbst etwas darstellt, wer ein gutes Beispiel gibt, hat das Recht zu Kritik und Gestaltung. Wir möchten – in eigener Sache – deshalb an dieser Stelle eine Lanze brechen für die echten „Heiden" dieser Welt: diejenigen Menschen, die Brauchtum und natürliche Religion als integrative Weltanschauung und nicht als Kampfansage und Abgrenzungsinstrument betrachten, die Deeskalation, Respekt und Verständigungswillen als Stärke und nicht als Schwäche sehen und die ihre Religion nicht im Wortglauben leben, ihre Gottheiten nicht als Moralinstanzen, Racheengel oder persönliche Führer begreifen sondern als Archetypen. Was Archetypen sind? Und was das alles mit den Ritualen rund um die Sonnenwende zu tun hat? Nun, wir werden es im Verlauf dieser – zugegebenermaßen etwas lang geratenen – Einleitung klären. Lassen Sie uns aber wie immer von vorne beginnen...

Wir Menschen sind durch unser Bewußtsein ein einmaliger „Zwitter" aus Geist und Körper, aus Verstand und Instinkt, aus Rationalität und Emotion. Zum einen sind wir durch unsere Körperlichkeit untrennbar verbunden mit der materiellen Realität, ein Spielball im ewigen Tanz der Elemente, instinkthaft verknüpft mit jeder Faser unseres Daseins an die Erfordernisse der Natur. Zum anderen sind wir in der Lage, Erkenntnisse über uns selbst, unsere Art und den umgebenden Kosmos zu gewinnen, schöpferische Gedanken durch Raum und Zeit zu schicken oder in unseren Mitmenschen und Kindern zu wirken über die Begrenztheit des eigenen materiellen Moments hinaus. Wir existieren nicht nur, sondern wir wollen unsere Existenz erklären. Wir suchen die höhere Ordnung hinter all der Schönheit, Phantasie und Perfektion der Welt, wie wir sie erfahren. Es gehört zur menschlichen Natur, Fragen zu stellen, die Dinge zu deuten, zu interpretieren und zu gestalten. Die größten aller Fragen sind das Woher, das Wohin und das Warum. Wir wollen uns mit der Endlichkeit des Erlebens und mit der eigenen Vergänglichkeit nicht abfinden – notwendigerweise, denn würde nicht jede Motivation auf Fortgang, jedes menschliche Aufstreben im Keim erlahmen, wenn wir uns eingestehen müßten, daß der einzige Sinn des Daseins im Dasein selbst besteht?

Niemand wird ernsthaft die Göttlichkeit der Natur, des Kosmos, der Schöpfung oder wie auch immer bestreiten im Angesicht all der Wunder in uns und um uns herum, aber muß deshalb auch ein persönlicher Gott existieren, eine bewußte Lenkungsmacht! Allein daß wir es wünschen, ist kein Beweis. Wir suchen Bilder und Metaphern, um dem Faszinosum Natur in seiner umfassenden Definition

Römisches Bodenmosaik mit Flechtmuster und Sonnenknoten

gerecht zu werden. Diese Symbole fangen etwas Wesentliches ein und drücken es gleichnishaft aus. Der Duden weist den Begriff „Religion" folgerichtig aus als „die gläubig verehrende Anerkennung einer alles Sein bestimmenden göttlichen Macht, meist von einer größeren Gemeinschaft angenommen! und durch Lehre und Satzungen festgelegt". Es muß uns klar sein, daß die Menschen – evolutionsgetrieben – Religion immer wieder neu „erfinden" würden, zu jeder Zeit, an jedem Ort.

Was aber ist der Vorteil des Spirituellen, warum wurde es dem Menschen bereits zu Urzeiten in die Wiege gelegt? Wir beobachten die psycho-hygienische und sozial-stabilisierende Wirkung auf die Individuen, man verschafft sich mit ihrer Hilfe eine positive Einstellung zu den Dingen, die mit blanker Rationalität nicht zu erzielen wäre. Und Religiosität schafft Sicherheit, die Grundvoraussetzung zur Meisterung neuer Situationen. Eigene Ängste und Unzulänglichkeiten, versinnbildlicht als Teufel oder Dämonen, werden symbolisch bekämpft und besiegt. Das alte Wort „frommen" bedeutet „nützen" – wer fromm ist, ist also zunächst einmal auf seinen persönlichen Vorteil bedacht. Vordergründige Egoismen allerdings, die dem Einzelnen scheinbar zwar kurzfristig nützen, der Art aber langfristig schaden, werden gerade auch durch Religion eingeschränkt. „Du sollst nicht stehlen" oder „Du sollst nicht töten" sind Teil einer biologisch begründeten Ethik, die nicht nur gelernt, sondern von den meisten Menschen tief empfunden wird. Abweichungen sind Experimente einer zufälligen Natur, mehrheitlicher Nutzen setzt sich durch. Ethische Gebote und Verhaltensregeln in der Manifestierung als Religion, also gewissermaßen einer „Standardisierung des Glaubens", machen den Menschen als Sozialwesen leistungsfähiger, mehr als es per Gesetz oder unter Androhung von Strafe möglich wäre. Religiosität ist also – unabhängig von ihrem Wahrheitsgehalt – sinnstiftend. Sie festigt Gemeinschaften, spendet Einzelnen Trost und Halt, vertröstet auch wirkungsvoll bei den offenen Menschheitsfragen und hilft, sinnvolle Erfahrung allgemein-verbindlich zu machen. Der Mensch ist daher – zu seinem Vorteil – von Grund auf spirituell angelegt und damit über die Vernunft hinaus auf unterbewußter Ebene an biologische Gebote gebunden. Der Grundkonsens menschlicher Ethik, die stille Absprache „Laß' Du mich leben, dann laß' ich Dich leben" mitsamt allen nachgelagerten Gefühls- und Verhaltensmustern wie Nächstenliebe, Mitleid, Hilfsbereitschaft usw. scheint zumindest einer signifikanten Mehrheit von Menschen evolutionsbedingt angeboren zu sein, ohne Wertung in „gut und böse" und ohne himmlischen Fingerzeig.

Mögliche andere Ansätze konnten sich offensichtlich nicht durchsetzen, dies erscheint logisch: ein Menschentum etwa von Dieben und Mördern – oder spieltheoretisch gesprochen: kurzfristigen Nutzenmaximierern – würde sich selbst von der Erde tilgen. Der Beweis ist trivialerweise, daß alles so ist wie es ist, auch wenn dies durchaus tautologisch erscheinen mag.

Bedeutet dies die Entzauberung der Religion, ihre Degradierung in den Fächerkanon der Naturwissenschaften? Mitnichten, denn Wissenschaft ist Religion, Mathematik ist Weltanschauung und Biologie ist Philosophie, wenn man nur den Bogen weit genug spannt. Und kein Mehr-Wissen schmälert die Spiritualität, im Gegenteil. Auch die Erkenntnis um die irdisch-biologische Verwurzelung der Religionen ist nur ein weiteres Mosaiksteinchen in diesem faszinierenden Großen Ganzen, welches die Ehrfurcht vor der Schöpfer-Natur nur noch größer macht. In alter Zeit waren Forschung und Gottesdienst ein- und dasselbe, denn mit dem Erkennen und Erleben stieg das Verehren. Keine kausale Einsicht entgötterte den Kosmos, man denke nur an die Steinkreise z.B. von Stonehenge, die ja gleichzeitig Kultplatz und Sternwarte waren. Beides spricht unterschiedliche Facetten des menschlichen Bewußtseins an, und beides bedingt sich in fruchtbarer Wechselwirkung, denn wir sind, wie eingangs gesagt, Zwitterwesen zwischen Körper und Geist, komplementär wie die ganze Natur, die uns ihre Antagonismen in ewiger Dialektik vorexerziert: Energie und Materie, Bewegung und Stillstand, Hitze und Kälte, Yin und Yang, Männlein und Weiblein. In diesen natürlichen Dualismen liegen ständige Wandlung und belebender Widerstreit begründet, die das Hochschrauben der Evolutionsspirale überhaupt erst möglich machen. So ist auch der scheinbare Konflikt zwischen der rationalen Erkenntnis und der praktischen Ausübung religiöser Rituale kein Widerspruch, sondern notwendige Voraussetzung, Chance und Potential zu Weiterentwicklung und Lebensglück, wenn beides im Gleichgewicht steht. Rituale haben, genau wie Religion im allgemeinen, einen hohen Nutzen. Sie erleichtern das Hineinwachsen in eine Gemeinschaft, weil sie Sicherheit geben. Jeder weiß, wie man sich verhält, und es spart Zeit und Kraft, wenn man nicht ständig bei Null beginnen, alles in Frage stellen und ausdiskutieren muß. Zudem geben gemeinsame Rituale das Gefühl der Zugehörigkeit und des Verbundenseins. Rituale spenden auch Trost und schließen die Lücken des Unerklärlichen. Auch die Verhaltensforschung z.B. bei Konrad Lorenz bestätigt die lebenserhaltende Macht der Rituale. So organisiert jeder Mensch – bewußt oder unbewußt – auch über die Festtagsriten hinaus zwangsläufig seinen gesamten Alltag um viele kleine und große Rituale herum, die ohne ausreichende Reflexion allerdings evtl. auch zu Zwängen übersteigert

werden können. Insofern bewährt sich am ehesten (wen wundert das?) die gute Mischung aus „ratio" und „emotio", aus Verstand und Gefühl, aus Geist und Spiritualität. Auch hier muß die unvermeidliche Schlußfolgerung gezogen werden: dies alles ist so, weil es sich als vorteilhaft erwiesen hat, Bräuche und Rituale sind eine weitere ausgeklügelte und höchst-komplexe Überlebensstrategie der Natur, in diesem Fall des Sozialwesens Mensch. Sie helfen den Menschen insgesamt, deshalb wurden und werden sie von uns „erfunden" und über den langen Weg der Evolution verinnerlicht, in ihrer konkreten Ausgestaltung abhängig von Ort, Zeit und vielen Zufällen. Diese intellektuelle Erkenntnis behindert in keiner Weise unsere spirituelle Seite, sie steigert vielmehr die Ehrfurcht vor der göttlichen All-Natur, die solches hervorgebracht hat, und so auch die Intensität der Emotion im Ritual. Nur hier lösen wir den scheinbaren Konflikt zwischen Geist und Gefühl.

Das religiöse Brauchtum enthält die gesammelte Erfahrung unserer Vorfahren und hat auch heute seinen tieferen Sinn über die Schönheit des unmittelbar Erlebten hinaus. Es sollte also nicht achtlos beiseite geschoben werden – sicher ist es nicht nur für die Historiker entstanden. Wenn wir heute z.B. entdecken, daß die Schöpfungsgeschichte der altnordischen Edda die Entstehung der Welt in einer symbolischen Art und Weise schildert, die dem neusten Stand naturwissenschaftlicher Erkenntnis entspricht, können wir dann von der Hand weisen, daß die frühen Kulturen vieles davon vielleicht in einer bildhaften Innenschau erkannt und mit ihren Mitteln – unsere heutigen Volksbräuche und -mythen – ausgedrückt haben? Durch das feine Hineinlauschen z.B. in die einzelnen Jahreskreisrituale wie die der Sommersonnenwende (praktisch alle Feste und Feiertage der Menschen gehen auf den Sonnenlauf durch das Jahr zurück, wie wir im nächsten Kapitel ausführlich erläutern werden) können wir manchen Hinweis auf das Geschehen im nächsten Jahr empfangen und gedanklich Einfluß nehmen, unsere eigene Einstellung und damit auch unser physisches Vermögen prägen. Selbstverständlich wächst nicht der Weizen höher, weil wir einen Ährenkranz ins Feuer schleudern; aber vielleicht wächst er höher, weil wir uns danach gut gelaunt, befreit und motiviert an die Arbeit begeben und diese so eventuell liebevoller und effektiver verrichten als auf der Grundlage einer reinen Kosten-Nutzen-Rechnung? Auch Wildheit und Ekstase im Verlauf des Festes haben ihren Sinn, denn hier wird eine Menge Müll über Bord geworfen und so die Chance auf gutes Gelingen und Erfolg vergrößert. Im – ekstatischen – Ritual steigt der Mensch in die Abgründe seiner eigenen Psyche hinab, konfrontiert sich mit seinen Schattenseiten, den verdrängten und unbewußten Aspekten, und transformiert sie positiv.

Dasselbe gilt für Märchen und (Götter-)Sagen. Sie rühren eine Seite des Menschen an, die im Alltag keine Rolle zu spielen scheint. Und doch treffen wir auch im heutigen Sprachgebrauch auf die alten Symbole. „Hexe", „Prinzessin", „Hans im Glück" sind typische Beispiele. Ebenso erleben wir täglich Situationen, wie sie in den Märchen exemplarisch behandelt werden, man denke nur an Hänsel und Gretel, die sich im Wald verirren. Der heutige Wald ist vielleicht eine Großstadt, das trügerische Knusperhäuschen ein Bild für moderne Verlockungen. Märchen und Sagen enthalten die gleichen Verschlüsselungen wie Träume: Urbilder, die eine Art Erb-Erinnern darstellen, von C.G. Jung das „kollektive Unbewußte" genannt. Wer dies zuläßt, richtig deutet, gelangt zu Erkenntnissen zeitloser Gültigkeit, die auch das persönliche Fortkommen beflügeln.

Diese schöne Möglichkeit sollte man wahrnehmen, ohne von der vermeintlich hohen Warte der Vernunft herab das Bodenständige und Mythische zu bagatellisieren. Der Verstand sollte nicht das einzige Mittel sein, die Welt zu erfahren. Auch wenn so mancher Gelehrte es versteht, mit seiner Rhetorik zu blenden - niemand kann gegen die Natur leben und zugleich nachhaltig richtige Gedanken produzieren. Auch Ruhe, Kraft und Selbstfindung sind vor allem auch das Ergebnis von Loslassen, Eins-Werden mit der Natur im spielerischen Ritual, z.B. in der Ausgestaltung des Jahreszeitgeschehens. Dazu gehören auch Feier, Tanz und Ausgelassenheit. Schiller sah die Weisheit „so Ihr spielet und werdet wie die Kinder...". Wer das Rituelle meidet, verdrängt, mit angeblicher Rationalität verdeckt, der leidet still und unbewußt. Leider ist vielen Menschen heute die enge physische Verbindung mit der Natur größtenteils verloren gegangen und damit auch das Eingebettet-Sein in die natürlichen, kosmischen Abläufe. Wir haben einseitig unseren Intellekt entwickelt und vernachlässigen dabei nicht nur häufig unseren Körper, sondern auch unsere Psyche, unsere Intuition. Eine ganzheitliche und naturnahe Sicht aber bekommt uns Menschen besser, viele Probleme werden dadurch von selber entschärft oder treten erst gar nicht auf. Manche Idee, die hinter dem sichtbaren Ausdrucks des Symbols liegt, wartet nur darauf, wieder ins Bewußtsein gehoben zu werden.

So wird uns abermals das ambivalente Wesen des Menschen offenbar: zum einen ist es gut und richtig, spirituelle Bedürfnisse auszuleben, sich ins Ritual zu versenken, sich zu öffnen und das Unbewußte agieren zu lassen; andererseits sollten wir auch die „wachen" Momente nutzen und genau diese Mechanismen und ihre Ausgestaltung gründlich hinterfragen. Wer den Verstand ausschaltet, mechanisch glaubt und fraglos folgt, der wird zur Marionette der Sektierer, der Seelenfänger rund um den Globus, die uns – meist aus eigener Verblendung, oft aber auch berechnenderweise zum eigenen Vorteil – glauben machen wollen, da wäre konkreter Gotteswille und himmlische Moral. Sie stützen auf Legenden, mystisch faszinierend und unwiderlegbar zugleich, und manch menschgemachtes Werk mutiert zur heiligen Reliquie. Und da es niemand besser weiß und „die anderen ja auch dran glauben", machen wir uns das Blendwerk zu eigen. Kritiklos, Generation um Generation, füllen wir unseren spirituellen Bedarf damit aus und verhindern dabei die eigentliche Erkenntnis, nämlich daß es nur eines wirklich gibt: eine perfekte All-Natur, eine ewige Kraft, die wir in Ermangelung treffenderer Vokabeln auch Gott oder göttlich nennen, die in uns wechselwirkt. Jede Konkretisierung oder vereinfachende Metapher ist typisch und angenehm, aber frei erfunden und damit sachlich falsch. Zu viele Gottbilder hat es schon gegeben und wird es noch geben in der Menschheitsgeschichte – warum sollte genau eines von Ihnen zufällig „richtig" sein und alle anderen damit falsch? Wir müssen begreifen, daß wir hier spekulieren, um einen wahren Kern herum.

Und doch: Das Wissen um die „erfundene Religion" schadet nicht, im Gegenteil. Wir brauchen beides, den vernünftigen Gedanken genauso wie das Fallenlassen ins Rituelle. In der dialektischen Spannung der beiden Ebenen liegt die schöpferische Kraft, denn mit dem Erkenntnisfortschritt steigt das Verehren und damit die Intensität des Rituals, und mit der Fähigkeit, die Seele im Ritual wirklich „baumeln zu lassen" öffnen wir unseren Geist für den nächsten Schub der Vernunft, tanken Energie für weitere Verstandesleistungen. Wer sich in einer der beiden Welten verliert, ist gefangen – aber wer den Spiraltanz der Gegenpole beherrscht, besitzt den Schlüssel zum Glück. In diesem Sinne läßt Antoine de Saint-Exupéry den Fuchs – im bewußten Wissen um die Macht des Rituals – zum kleinen Prinzen sagen: „Es wäre besser gewesen, du wärst zur selben Stunde wiedergekommen. Wenn du zum Beispiel um vier Uhr nachmittags kommst, kann ich nie wissen, wann mein Herz da sein soll...".

Soweit könnte man meinen, stünde ja alles zum Besten und jeder könne mit seinem Glauben – egal welchem – glücklich werden. Leider ist diese Hoffnung trügerisch, denn die vorherrschenden „großen" Religionen lassen dem Einzelnen nicht diese Freiheit. Ganz im Gegenteil, sie machen die Menschen unfrei im Denken, fanatisieren sie und sind Ursache und Auslöser von unzählbarem Leid quer über alle Länder und Zeiten. Wie das Drehbuch zu einem gigantischen Horrorfilm liest sich z.B. die Geschichte des Christentums. Die christlichen Taten „zum Ruhme und Ehren Gottes" hinterlassen Millionen Opfer quer durch die gesamte Weltgeschichte, und wir kommen nicht umhin, an dieser Stelle einen kurzen Abriß zu geben, um klarzumachen, wovon wir reden:

Bereits in der Antike, als kurz nachdem im Jahre 315 das Christentum offiziell erlaubt wurde, begann man damit, Tausende heidnischer Tempel zu zerstören und die Priester zu erschlagen. Beispiele sind das Aeskulap-Heiligtum in Aegaea, der Aphrodite-Tempel in Golgatha, Aphaka am Libanon, Heliopolis u.v.a.m. Auf Ausübung heidnischer Gottesdienste stand seit 356 die Todesstrafe, sogar Kinder wurden hingerichtet, weil sie mit Überresten heidnischer Statuen gespielt hatten. Viele herausragende Köpfe fielen der Christianisierung zum Opfer, wie z.B. die weltberühmte Gelehrte und Philosophin Hypatia von Alexandria, die 415 vom christlichen Mob unter der Führung eines Predigers namens Petrus mit Glasscherben regelrecht zerstückelt wurde.

Im Zuge der Missionierung Nordeuropas ließ Karl der Große unter anderem Tausenden von Sachsen, die sich nicht bekehren lassen wollten, den Kopf ab-

schlagen. Die Stedinger Bauern in Norddeutschland – Zehntausende Männer, Frauen und Kinder – wurden am 27. Mai 1234 von einem Kreuzesheer niedergemetzelt. Englische Christen schlachteten einen Großteil der gälischen Iren regelrecht ab. Insgesamt mehr als 20 Millionen Menschen, teilweise komplette Dörfer und Städte, fielen in der Zeit der Kreuzzüge (1095-1291) abscheulichen Massakern der christlichen Ordensritter zum Opfer, vor allem in Polen, Ungarn, der Türkei und dem Nahen Osten, davon zeugen unzählige, z.T. grauenvoll detaillierte Chroniken. Nicht nur „Heiden" sondern auch christliche Abweichler wurden als „Ketzer" systematisch verfolgt und ausgerottet, seien es die Manichäer, die Albigenser, die Waldenser, die Paulikianer, die Runcarier, die Josephiten oder die Katharer – sie alle wurden im Namen des Christentums erschlagen, gesteinigt, ersäuft, gehängt oder verbrannt.

Nach dem Ende der Glaubenskriege wurde die Inquisition gegründet, um die überlebenden Ketzer in ihren Verstecken aufzuspüren und zu vernichten. Weitere Hunderttausende von Menschen beendeten ihr Leben unter der Folter der Inquisitoren und auf dem Scheiterhaufen, unter ihnen viele hochgebildete und angesehene Persönlichkeiten wie z.B. der Wiener Universitätsprofessor B. Hubmaier (1538 Tod auf dem Scheiterhaufen) oder Giordano Bruno, der am 17.2.1600 nach siebenjähriger Kerkerhaft den Scheiterhaufen auf dem Campo dei Fiori in Rom bestieg. Noch bis ins 18. Jahrhundert hinein dauerte die sog. Hexenverfolgung, Synonym für die Schändung und Tötung von Hunderttausenden von Menschen, überwiegend Frauen, quer durch Europa aus niedrigsten Beweggründen durch Christen. Die verschiedenen Religionskriege und die sog. Reformation forderte Millionen von Opfern, so z.B. die Beseitigung von drei Millionen aufständischer Holländer in den (damals spanischen) Niederlanden im 16. Jahrhundert, die Verfolgung der Hugenotten in Frankreich, oder auch die Plünderung und Verwüstung des protestantischen Magdeburgs durch katholische Truppen im 17. Jahrhundert. Der Dreißigjährige Krieg (Protestanten gegen Katholiken) dezimierte etwa 40% der Bevölkerung, vor allem in Deutschland. Ein weiteres ur-christliches Thema ist die Verfolgung von Juden, belegt durch zahlreiche detaillierte Quellen ab dem 4. Jahrhundert.

Weitere unvorstellbare Massaker rund um den Globus sind einseitig von christlicher Seite ausgegangen im Zuge der Eroberung neuer Kontinente, wie üblich zum Zwecke der Verbreitung des Christentums. Kolumbus und seine Nachfolger liquidierten in kürzester Zeit effektiv wahrscheinlich mehr als 60 Millionen Ureinwohner in Übersee, teilweise auf grausamste Art und Weise. Die Konquistadoren plünderten und zerstörten süd- und mittelamerikanische Zivilisationen im Namen ihres Herrn Jesus Christus und rotteten binnen einer Generation eine Jahrtausende alte Kultur praktisch komplett aus. Auch die ersten Siedler auf dem amerikanischen Festland brachten, angetrieben von ihren puritanischen Pilgervätern, eine neue Qualität menschlicher Perversion über die indianischen Ureinwohner, die Jahrzehntausende lang mit sich und der Natur im Einklang lebten, und erfüllten wortgetreu ihren biblischen Auftrag: „Aus den Städten dieser Völker jedoch, die der Herr, dein Gott, dir als Erbbesitz gibt, darfst Du nichts, was Atem hat, am Leben lassen. Vielmehr sollst du [sie] der Vernichtung weihen, so wie es der Herr, dein Gott, dir zur Pflicht gemacht hat..." (5. Mose 20). Im ganzen kamen wahrscheinlich mehr als 150 Millionen Indianer (in Nord- und Südamerika) zwischen dem 15. und 19. Jahrhundert ums Leben, etwa zwei Drittel davon durch die von Europäern eingeschleppten Pocken und andere Epidemien (wobei nicht unerwähnt bleiben sollte, daß seit etwa 1750 Indianer durch infizierte Geschenke auch absichtlich angesteckt wurden). Auch viele andere Völker und Kulturen wurden und werden im Zuge christlicher Bekehrung dezimiert oder ausgelöscht, teilweise durch rohe Gewalt, teilweise subtil durch den Raub von Identität und Bezug zur natürlichen Lebensgrundlage, aktuelle Beispiele sind Papua-Neuguinea oder Polynesien.

Weitere sehr aktuelle Belege christlichen Verderbs sind die katholischen Vernichtungslager in Kroatien zur Zeit des zweiten Weltkriegs, in denen auf Befehl des katholischen Ustaschi-Diktators Ante Pavelić mit Wissen des Papstes und unter aktiver Beihilfe der Franziskanermönche vor allem christlich-orthodoxe Serben, aber auch eine beträchtliche Zahl von Juden ermordet wurden; der katholische Terror gegen buddhistische Bevölkerungsteile in Vietnam ab 1954, abermals mit der Folge von Hunderttausenden von Toten; oder die Massaker in Ruanda im Jahr 1994: Scheinbar handelte es sich um einen Konflikt zwischen den ethnischen Gruppen der Hutu und der Tutsi (Watussi) – inzwischen weiß man aber sehr detailliert von der aktiven Beteiligung katholischer Priester und Nonnen an der Ermordung von über 1 Millionen Menschen. Auch im Krieg in Nordirland sterben Menschen, weil sie den „falschen Glauben" haben.

Bei alldem mögen Einzelschicksale wie das der 23 Jahre alten Pädagogikstudentin Anneliese Michel fast bedeutungslos erscheinen – aber auch dies ist symptomatisch: Nachdem Anneliese Michel wegen „dämonischer Erscheinungen" monatelang von zwei katholischen Priestern – und zwar mit offizieller Genehmigung des Bischofs von Würzburg - mit Exorzismen und Teufelsaustreibungen gepeinigt wurde, starb sie übersät von blutigen Wunden am 1. Juli 1976 im Krankenhaus von Klingenberg. Ihre Eltern, beide fanatische Katholiken, wurden wegen unterlassener Hilfeleistung zu sechs Monaten Haft verurteilt. Keiner der Priester wurde gemaßregelt, im Gegenteil: inzwischen wird das Grab von Anneliese Michel regelmäßig von gläubigen katholischen Pilgern aufgesucht und verehrt – also kein Ende des Mittelalters in Sicht.

Obwohl die meisten historischen Belege über Greueltaten im Namen des Christentums inzwischen vernichtet wurden oder seit langem in den Archiven des Vatikans dem öffentlichen Zugriff entzogen sind, ließe sich diese Liste noch beliebig verlängern, und viele engagierte Zeitgenossen haben das auch schon getan (z.B. Karl-Heinz Deschner in seiner Tausende Seiten starken „Kriminalgeschichte des Christentums" oder auch Hans Wollschläger in mehreren bemerkenswerten Aufsätzen), allerdings ohne die verdiente Aufmerksamkeit zu finden. Das Erschreckendste aber ist, daß jede Generation von Christen die Verbrechen der jeweils vorangegangenen Generation als vergangen abtut, um dann im Ergebnis noch größeres Leid über die Menschen zu bringen – ähnliches gilt für die anderen „Großen" Religionen auch.

Die Frage, die sich uns nun aufdrängt, lautet: Wie konnte es dazu kommen, daß die menschliche Sehnsucht nach Spiritualität und die angeborene Religiosität solche perversen Blüten treibt? Und warum wird es immer wieder passieren, wenn wir nicht das Grundübel erkennen? Wir wollen dies wiederum am Beispiel des Christentums klären, stellvertretend für die anderen monotheistischen Ansätze. Judentum, Christentum und Islam sind in dieser Reihenfolge entstanden und gewachsen in dem Gebiet, das wir heute als „Naher Osten" bezeichnen. Die älteste der drei Offenbarungsreligionen ist das Judentum. Unter den besonderen Bedingungen der römischen Herrschaft formierten sich in Palästina daraus die Christen. Der Prophet Mohammed verarbeitete später Motive aus beiden Richtungen weiter zum Islam. Bibel und Koran, von den jeweiligen Zeitgenossen verfaßt, bilden heute die Grundlage des orientalischen Glaubens. Während die Christen

sich vorwiegend auf das Neue Testament stützen, ist das Alte Testament die Heilige Schrift des Judentums. Bei jenen gilt es als schwere Sünde, die Wahrheit der Fünf Bücher Mose zu diskutieren – sie dürfen nur interpretiert werden. Das Christentum unterscheidet sich vom Judentum z.B. durch den Glauben an Jesus und die Dreifaltigkeit – im Gegensatz zum einen Gott (Jehova) der Juden.

Wie wir wissen, ist Religion als Teil der Kultur stets biologisch und regional beeinflußt, abhängig von den spezifischen Denkstrukturen und Mentalitäten der Völker, diese wiederum werden von Vererbung, Überlieferung, konkreter geschichtlicher Erfahrung und den geographisch-klimatischen Bedingungen in ihrem angestammten Lebensraum geprägt. Alles steht in dauernder Wechselwirkung und wird von Zufällen und Änderungen überlagert. Auch das Christentum ist in seinem Kern und in seiner ursprünglichen Form durch diese ethnischen, räumlichen und zeitlichen Entstehungsbedingungen geprägt. Speziell der vordere Orient weist nämlich völlig andere Verhältnisse auf, als wir sie hier vorfinden: Den Wüstenvölkern des Morgenlandes ist der Licht- und Naturmythos der Nordleute unbekannt. Ihnen konnte ja die Wiederkehr der kraftspendenden Sonne nichts bedeuten – im Gegenteil, die Sonnenglut versengte ihr Land und verdörrte ihre Früchte. Hitze und Trockenheit erlegen den Menschen in Vorderasien noch heute einen strengen Überlebenskampf auf. Schlangen, Skorpione und andere gefährliche Tiere tun ein Übriges. Dies alles prägt von jeher die orientalische Mentalität. Die Sinnsuche der Wüstenvölker galt eher der „Erlösung", da ihnen die Erde ja als „ewiges Jammertal", als Mühe und Plage erscheinen mußte. Eine bedrohliche Umwelt galt es, „untertan" zu machen. „Furcht vor euch und Schrecken sei bei allen Erdentieren, bei allen Himmelsvögeln, bei allem, was auf dem Erdboden kriecht, und bei allen Fischen des Meeres, in eure Hand sind sie gegeben!" (1. Mose 9,2). Das Gottbild wandelte sich über die als feindlich empfundene Natur

heidnischer reigen um das sonnwendfeuer

hin zu der gedanklichen Konstruktion eines paradiesischen Jenseits' außerhalb derselben. Eine tröstend angenommene persönliche Seele bildete den Mittelpunkt des Glaubens, das „sündenhafte" Fleisch galt es zu überwinden. Ewige Wiederkehr der Sippe und das nordisch-heidnische Denken in Kreisläufen ist für sie sinnlos. Die unvergängliche Seele wird nach christlich-orientalischer Ansicht gegeben und genommen, aber sie ist nicht wie z.b. bei den Germanen Teil der kosmischen Weltseele, wichtig ist nur, wie und wann man sich zu reinem Geist erlösen kann.

Solche Lehren fanden vor allem auch daher rasch Zulauf, weil die Loslösung von natürlichen Inhalten, das mystisch-fantastische Element, mehr Faszination auf das einfache Volk ausübte als die geniale Schlichtheit der Natur. Die Offenbarungsreligion stellt sich außerhalb von Logik und Vernunft, ist daher nicht zu beweisen, aber auch nicht zu widerlegen. Die Hoffnung auf Hilfe von oben mildert den Druck der persönlichen Verantwortung – bis hin zur vollkommenen Gott-Ergebenheit und Schicksalsgläubigkeit, wie wir sie z.B. bei Moslems häufig beobachten können. Der Hang der Menschen zur Transzendenz, ihr Wunschdenken und ihre Bequemlichkeit wird ausgenutzt. Parallel erlauben die Dogmen – Himmel und Hölle, Strafe und Erlösung, Jüngstes Gericht, Erbsünde oder die Gleichheit der Menschen – ein hohes Maß an Kontrolle, Steuerung und Disziplinierung. Mit der Geringschätzung der Natur, der Abwertung der Frau und dem Glauben an Erlösung im Himmel, die vorab aber mit Entsagung erkauft werden muß, entsprach die christliche Lehre in wesentlichen Punkten den traditionellen Volksreligionen des vorderasiatischen Raumes und der dort bis heute vorherrschenden Mentalität. Im Mittelpunkt allen Denkens stand nicht mehr der Mensch, sondern ein von der Natur losgelöster strafender Gott. Sah der Alteuropäer mit freudigem Schauer von überall her Göttliches nahen, so erzitterte der Israelit vor der vernichtenden Majestät des ewig unnahbaren Gottes. Nicht der geistig selbständige Mensch ist hier das Ideal, sondern der gehorsame, der die Gebote fraglos befolgt. Und auch die heutigen europäischen Christen müssen sich den Vorwurf gefallen lassen, daß sie in der prophetischen Schau einer messianischen Endzeit und dem Jenseitsglauben der frühen Wüstenvölker leben. Und: solche Religion ist naturgemäß auch viel anfälliger gegen Fanatismus und machtstrategischen Mißbrauch, da sie auf blindem Wortglauben ohne vernunftmäßiges Hinterfragen, ohne persönliche Verantwortung basiert. Weil es aber eher um das Glauben als um das Beobachten und Schlußfolgern geht, sind diese Überzeugungen geeignet, sich zu verselbständigen und korrekturlos zu wuchern. Der Glaube im engeren Sinn basiert nicht mehr auf Realitäten, sondern er wird beliebig durch Raum

und Zeit transportiert (z.B. von Nahost nach Europa). Religion wird losgelöst von Volk und Umgebung betrieben – ein großer Fehler, eine evolutionäre Sackgasse, denn wie wir vorher gezeigt haben, sind die orientierungslosen, irregeführten und aufgepeitschten Massen zu den scheußlichsten Greueltaten fähig. Die ganz große Mehrheit aller Kriege auf der Welt sind auch heute religiös-ethnischer Natur.

Naturferne Gedankenkonstrukte wie Erbsünde, Erlösung, Paradies, ewige persönliche Seele usw. verdunkeln unseren Horizont. Das unnatürliche christliche Denken beherrscht auch die Köpfe zahlreicher Menschen, die sich subjektiv durchaus als Nichtchristen verstehen. Der Wahn absoluter Gleichheit, gepaart mit einem latenten Buß-, Demuts-, Schuld- und Erlösungsbewußtsein, ist christlich in-

„Der Szientismus zeichnet sich vor allem durch den Glauben
an die Wissenschaft aus. Szientisten sind keine Wissenschaftler.
Der wahre Wissenschaftler darf an seine eigene Theorie nicht glauben.
Er muß versuchen, sie zu widerlegen, und er muss froh sein
über jeden bewiesenen Irrtum."
(nach Karl Popper)

spiriert und in weiten Kreisen von Politik und Gesellschaft verbreitet. Zudem sehen wir uns heute einer völligen Verfilzung von Staat und Kirche gegenüber. Kinder werden – unfähig zur freien Entscheidung – christlich getauft, konfirmiert und geschult. Eltern haben oft nur die Wahl zwischen kirchlich geführten Kindergärten oder Isolierung. Christliche Priester erhalten ein Gehalt, andere nicht. Neben der Kirchensteuer fließen dazu staatliche Subventionen und Zuschüsse, auch für Kirchentage, Synoden usw. Die Kirchen stellen das Monopol auf alle Jahres- und Lebensfeiern, haben Macht und Einfluß in allen Bereichen des öffentlichen Lebens inkl. politischer Parteien. Sie besitzen Zeitungen, Verlage und Fernsehsender, Ländereien, Bank- und Versicherungsbeteiligungen, Immobilien, Kunstschätze, Bilder, Skulpturen, Denkmäler, Aktien, Bankguthaben usw. im Wert von vielen Milliarden DM.

Das christliche Prinzip heißt nach wie vor: Es wird assimiliert, was nicht abgeschafft werden kann. Je weiter sich der Siegeszug des Christentums ausdehnt, desto mehr Fremdes mischt sich ihm bei. De facto hat sich heute eine Art europäisches Christentum herausgebildet, nicht Fisch, nicht Fleisch, ein heilloses Durcheinander. Kaum jemand durchschaut die Vermischung der Kulte, kaum jemand ist in der Lage, Eigenes von Fremdem zu trennen. Die Menschen leiden unbewußt unter dem Spagat zwischen biologisch verwurzelter heidnischer Kultur, und aufgepfropfter Fremd-Religion. Viele Menschen spüren dies und flüchten nach vorne – in den Atheismus oder andere Fetische und Heilslehren. Oder sie bleiben den Kirchen fern aus familiären bzw. beruflichen Rücksichten oder einfach aus Bequemlichkeit. Manch einer hat sich arrangiert, nennt sich Christ, handelt aber zuerst als Mensch. Auch scheinbar nicht-religiöse Gebiete wie Vereinszugehörigkeiten, politische Überzeugungen oder die Wissenschaft haben längst die Funktion einer Ersatzreligion übernommen. Gerade die Wissenschaftler verlieren zunehmend den Blick für das Ganze, verirren sich im Detail, weil die natürliche Religion als Sinngeber und Vereinheitlicher fehlt.

Der Gegenentwurf zum christlich-transzendenten Wortglauben heißt „Naturreligion auf der Basis von Archetypen". Nach Platon ist der Archetyp das Urbild, die Urform alles Seins. In der Psychologie erfassen wir ihn als „eines der ererbten, im kollektiven Unbewußten bereitliegenden urtümlichen Bilder, die Gestaltung (vor)menschlicher Grunderfahrung sind und zusammen die genetische Grundlage der Persönlichkeitsstruktur repräsentieren" (nach C. G. Jung). Der Archetyp ist also eine Metapher für den göttlichen Funken, der alles beseelt. Er sollte konkretisiert und „ausformuliert" werden, um ihn rituell in den Alltag aufzunehmen, aber dies darf sich nicht zu plumper Personifizierung und Vermenschlichung und damit zum Wort- bzw. Aberglauben verselbständigen. Wir wollen diese richtige Mischung „natürliche Religion" oder auch „modernes Heidentum" nennen. Das Heidentum ist demnach das kleinste Gemeinsame aller Religionen, die Ur-Religion. In der schöpferischen Tiefe menschlicher Existenz sehen wir die Wirkung einer Ordnungsmacht, die eins ist mit der schöpferischen Macht in der Gesamtwirklichkeit. Das Göttliche ist in der Welt und im Leben beheimatet, und nicht außerhalb. Es gibt kein Jenseits, nur All-Natur. Es gibt definitionsgemäß keine übernatürlichen Dinge, nur Dinge innerhalb der Natur, die wir zugegebenerweise (noch) nicht verstehen. Alle Erkenntnis kann deshalb nur vermittels der Ordnungskraft des menschlichen Geistes aus der Wahrnehmung und Fühlung der lebendigen Wirklichkeit gewonnen werden. Im naturreligiösen Lebensentwurf fordern sich die Menschen gegenseitig auf, ihr Leben nach den Kriterien der Selbstverwirklichung, der Selbstüberwindung und der Selbstgestaltung zu führen und sich dabei am Ideal des Göttlichen zu orientieren. Was im Christentum undenkbar wäre, das Streben des Menschen nach Gottähnlichkeit oder -ebenbürtigkeit, ist hier die Voraussetzung für jedes wahre Menschentum überhaupt. Der Mensch verfügt über die Freiheit, die Autonomie und auch die Pflicht, sich im Rahmen der vorgegebenen Möglichkeiten zu verwirklichen und dem Göttlichen in sich wie in allem zur Entfaltung zu verhelfen. Der höchste Sinn des Daseins besteht in der Ausformung der eigenen Möglichkeiten und der reinen Weitergabe des Lebens als Bindeglied der Generationen – in der Gewissheit, Teil eines ewigen Kreislaufs aus Energie und Materie zu sein, in dem nichts verloren geht. Der Mensch ist unsterblich in seinen Nachkommen und Verwandten, die sein Erbe teilen. Und in jedem von uns sind die Anlagen der Ahnen von Anbeginn an verkörpert, eine wunderschöne Vorstellung. Bindeglied der Generationen und damit Teil der Zukunft zu werden ist der Archetyp des heidnischen "Himmels". Wer sich gegen diese natürliche Wirklichkeit sträubt und den Sinn im Irrealen sucht, der verliert den Einklang mit der Natur. Der Glaube an das Jenseits schwächt die Kraft im Diesseits.

Solche Naturreligion ist unaggressiv und missioniert nicht, sondern wird aufgrund der spezifischen Rahmenbedingungen je Ort und Zeit individuell ausgeformt und ausgelebt. Deshalb ist das rituelle Gesicht natürlicher Religion genauso bunt und vielfältig wie die Natur selbst. In der germanischen Tradition z.B. gibt es eine Vielzahl von Göttern, Naturgeistern und anderen Wesenheiten als Symbole für die Kräfte, die die Welt bewegen, für die verschiedenen Facetten des Lebens.

Die Wicca-Bewegung fokussiert auf „Den Gott" und „Die Göttin", wissend um die ewige Dualität allen Seins, das Prinzip der sich ergänzenden Gegensätze. Wieder andere verehren einzelne Menschen, Tiere oder Dinge als Spiegel und Sprachrohr göttlicher Natur.

Das Aufeinandertreffen solcher natürlichen Religionen führt selten zu Problemen, solange Gott oder die Götter als Archetypen aufgefaßt werden, also als personifizierte und vereinfachte Symbole für das göttliche Wirken im Menschen selbst so wie in jedem Ding. Götter sind gleichsam visualisierte „Vehikel" der eigenen Sinnsuche und ehrfürchtige Annäherungen an das Unbegreifliche, an den „Großen Beweger", an die „Letzte Frage". Götter sind auch Sinnbilder für das Überdauernde und das eigene Aufgehobensein im Großen Ganzen und damit ein greif- oder zumindest vorstellbares Medium der menschlichen Gebete. In diesem Konsens können sich Menschen aller Rassen und Kulturen mit Respekt und Hochachtung begegnen, wissend um das gemeinsame Fundament von „Mutter Erde" und „Vater Sonne" und die regionale Verwurzelung der unterschiedlichen Gott-Metaphern und Rituale.

ein kreisrunder altar wird aufgebaut, auf einem roten tuch, mit lichtern in jeder richtung und viel viel sommerblüten aussenherum

Schwierigkeiten treten auf, wenn Geister und Götter nicht mehr als Metapher, sondern als physische Realität angenommen werden. In solch kleingeistigem Wortglauben schließen sich die Religionen bereits logisch gegenseitig aus, bieten daher Anlaß zu ständigem Streit. Besonders unvereinbar „in der Sache" sind die Anhänger der drei monotheistischen Hauptreligionen Judentum, Christentum und Islam, denn hier kommt erschwerend dazu, daß es sich um „Gläubige" im engeren Sinne des Wortes handelt. Der unreife Drang zur wörtlichen Identifikation mit einer nachvollziehbar „künstlich" entstandenen Gruppe und zur feindseligen Abgrenzung nach außen läßt mangelnde Erkenntnis und Geborgenheit erkennen. Der Wortglaube entsteht auf der Grundlage der menschlichen Urängste bezüglich Tod und Vergänglichkeit, mentalitätsbedingt sind im Laufe der Zeit fantastische Überwelt-Konstruktionen hinzugekommen und – vielleicht gerade wegen ihrer transzendenten Ausstrahlung – auch kulturell etabliert worden. Im Ergebnis löst das Faszinosum „Jenseitsreligion" eine hohe psychologische Abhängigkeit aus und macht eine wirklich freie Entscheidung fast unmöglich, da sie die natürlichen Instinkte und Überzeugungen der Individuen sehr zu ihrem Nachteil unterdrückt. Heute wird die Machterhaltung auf allen Ebenen durch Einschüchterung, Heilsversprechen, Gruppendynamik und massive Eingriffe in den Alltag (Politik, Kunst, Kommerz, Lebens- und Jahreskreisfeste usw.) betrieben. Die Abschottungstendenzen dieser Systeme sind zwangsläufig. So lautet eines der obersten christlichen Gebote z.B.: „Ich bin der Herr, Dein Gott, der dich aus der Knechtschaft geführt hat; du sollst keine anderen Götter haben neben mir!" Auch die Aussagen der anderen Erlösungsreligionen und ihrer Ableger – es gibt allein über hundert christliche Sekten – sind ähnlich explizit, sie alle haben eines gemeinsam: Sie spielen mit den Ängsten der Menschen und mit dem Unvorstellbaren, ohne wirkliche Erklärungen zu bieten. Sie geben ihren Anhängern die elitäre Illusion des Erweckt- und Erwähltseins und schließen daher andere Bekenntnisse aus. Sie beanspruchen absolute Allgemeingültigkeit und haben ihre Opfer so psychologisch fest im Griff.

Wer in personifizierten Göttern nicht das Symbol, den Archetypen, sehen kann, wer nicht zur Kenntnis nimmt, daß jede Faser seines Wesens und Denkens von der vergänglichen Körperlichkeit getragen wird und auf seine einzel-menschliche Auferstehung in einem Jenseits hofft, kurz: wer die Wahrheit allein-irdischer Verantwortung nicht erträgt und sich ins Numinose flüchtet, dem ist auch die heilsame Kraft der Rituale fremd – unreflektiert drohen sie nur, den Wahn zu verstärken. Wer aber den Verstand gebraucht, muß einsehen, daß religiöse Bilder nicht wörtlich zu nehmen sind. Wer sich besinnt, stellt fest, daß alles, was das eigene Denken und Empfinden, die eigene Persönlichkeit und das So-sein ausmacht, dem Hier und Jetzt, der anfaßbaren Welt entspringt. Unser persönlicher Anfang und Ende liegen in Sonne, Erde, Natur. Wer nicht mit einer Lebenslüge leben möchte, der beginnt seine persönliche Integration von Religion und Natur – mit Herz und Hirn. Naturreligion formt natürliche Rituale auf der Basis von Logik und Wissen, die nicht Fessel sind, sondern Stütze, die das Leben nicht einengen, sondern reicher machen und das natürliche Gleichgewicht von Verstand und Spiritualität erhalten.

Deshalb unser Plädoyer für die echten Heiden dieser Welt, die nicht das eine Dogma durch ein anderes ersetzen. Und deshalb dieses Buch, das beides will: das Ritual vermitteln im praktischen Beispiel und den Verstand schärfen für den ewigen Kampf mit Wahn und Wunschdenken, mit selektivem Wahrnehmen und Aberglauben.

Viel Spaß – und viel Erkenntnis – bei der nächsten Sommersonnwende.

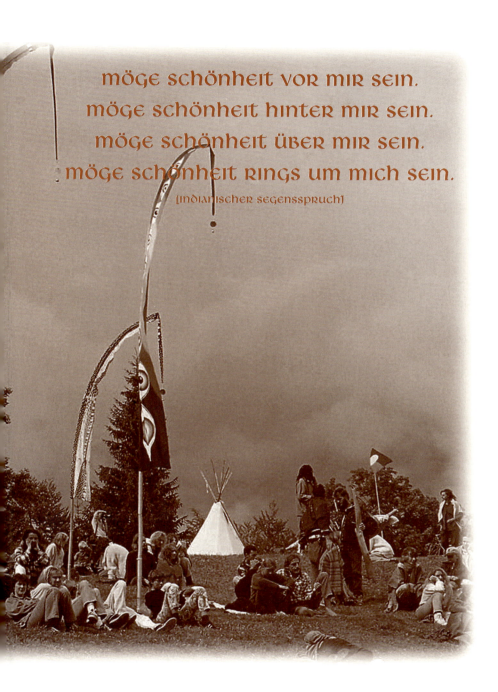

möge schönheit vor mir sein.
möge schönheit hinter mir sein.
möge schönheit über mir sein.
möge schönheit rings um mich sein.

(indianischer segensspruch)

Die Elemente

Die Arbeit mit den Elementen nimmt einen breiten Raum innerhalb der naturreligiösen Rituale ein. Bei jeder Jahreskreis- oder Lebensfeier, bei gemeinsamen Feuerfesten und Schwitzhütten und in den Minuten täglicher Andacht und Versenkung spielen die Elemente eine zentrale Rolle. Wir rufen die Elemente an, bitten sie um ihre Präsenz im Ritual und bringen damit unsere Ehrfurcht vor dem göttlichen Wirken der Natur und unsere Dankbarkeit für das So-Sein-Dürfen zum Ausdruck. Wir versuchen dabei zum einen, uns das reale Kraftpotential des Elementes rituell zu erschließen und zum anderen, tiefer in die numinose Macht und das spirituelle Wesen der Elemente und damit allen Seins einzutauchen. Der rituelle Umgang mit den Elementen dient der Meditation, dem Erkennen ihrer Bedeutung für das Leben im allgemeinen und der Ausprägung unseres Bewußtseins. Um sich in den Besitz der elementaren Kräfte zu bringen bzw. um diese in geeigneter Weise auf sich wirken lassen zu können, bedarf es neben der rituellen Form auch des verantwortungsbewussten Umganges mit dem Element im Alltag.

Die inneren Impulse, die uns die Elemente geben können, spüren wir aber nur, wenn wir unsere Sinne für die Aufnahme ihrer Botschaft öffnen. Der direkte bewußte Kontakt mit dem Element sensibilisiert unsere sinnliche Wahrnehmung und erschließt auf diesem Wege abgelegene, brachliegende Bereiche unseres Intellekts der spirituell-magischen Botschaft, welche die Elemente in sich tragen. Die vier Elemente, Symbole für die Gott-Natur, sind Luft, Feuer, Erde und Wasser. Sicher gibt es bei verschiedenen Völkern unterschiedliche Ausprägungen der Element-Symbolik und auch differierende Zuordnungen, was z.B. Farben, Pflanzen, Himmelsrichtungen und andere Ritualbestandteile betrifft; dies bringen die differierenden geographischen, klimatischen, historischen, kulturellen Bedingungen mit sich und oft auch der Zufall. Einmal mehr geht es darum, die Gemeinsamkeiten zu suchen und zu erkennen im Sinne der eingangs geführten Archetypen-Diskussion. Hier wird klar, wie dicht beisammen (und wie weit weg von biblischer Jenseits-Mystik) z.B. die Symbolik des indianischen Medizinrades und die des nordisch-germanischen Elemente-Kultes liegen.

Eine Zuordnung der Elemente zu den Himmelsrichtungen und dieser zu speziellen Sinnebenen z.B. findet in vielen alten Kulturen statt. Auffällig sind die Parallelen zwischen Europa und Nordamerika. Die Himmelsrichtungen im indianischen Medizinrad werden – in Übereinstimmung mit indogermanischen Zeugnissen – wie folgt interpretiert:

Im Norden ist der Weg der Stille. Er steht für den geistigen Aspekt der Gesundheit. Dieser besteht darin, das eigene Bewußtsein bis zur einer Ebene der Wahrnehmung zu erweitern, daß man Gedanken lesen und Geistwesen hören kann. Die Indianer betrachten sogar Sehen und Lesen als eine Art des Hörens. Lernen ist ein Akt der bewußten Entscheidung und Annahme.

Im Westen ist der Weg der Selbstbeobachtung. Er repräsentiert die physische Welt. Traditionell wurde Vitalität als eine Grundvoraussetzung für spirituelle Verwirklichung angesehen. In der Lebensvorstellung, die von der indianischen Medizin gelehrt wird, sind Laufen, Tanzen und andere Körperübungen zwingend notwendig. Die Entspannungsübungen beinhalten Meditationen und Schwitzbäder zur Steigerung des körperlichen, geistigen und spirituellen Bewußtseins. Auch die Übungen des Loslassens gehören hierher. Sie dienen dazu, ein hohes Bewußtsein zu verwirklichen.

Im Süden ist der Weg des Friedens. Er symbolisiert die Jugend und die Unschuld. Kinder erlernen Selbständigkeit und alles andere im Rahmen der Kreise von Familie und Umwelt. Sie lernen, wie man im Einklang mit dem Ökosystem lebt. Die Sagen und Geschichten dieser Himmelsrichtung lehren Achtung und Verständnis, aber auch, daß die Lebensfreude nicht zu kurz kommen soll. Im Süden sollte Spaß sein.

Im Osten befindet sich der Weg der Sonne. Er repräsentiert den spirituellen Aspekt. Der oberste Wert, der hier dargestellt wird, ist die Achtung vor der Würde aller Dinge, unabhängig davon ob wir sie verstehen oder nicht. Nach indianischer Vorstellung ist alles beseelt, einschließlich aller Tiere, Vögel, Bäume, Pflanzen und selbst die Steine. Daher achten wir uns selbst ebenso wie unsere Umwelt.
(J.T. Garrett, in: Stimmen der Weisheit, Arun)

Die vier Himmelsrichtungen sind den Indianern also eine Orientierungshilfe bei der Suche nach Gleichgewicht und Harmonie. Die „Medizinmänner" verkörpern Ritual, Tradition und praktische Lebenshilfe und leiten so zu den wahren Gründen der Gesundheit, wonach nicht mehr untersucht werden wird, was jemandem fehlt, sondern was er falsch gemacht hat. Die indianische Methode bedient sich eines „Medizin-Bündels" von sehr konkreten Wertvorstellungen, derer man sich bedienen kann, um die alltäglichen Stresssituationen zu meistern und um die richtigen Lebensentscheidungen zu treffen. Zusammengefasst könnte man sagen: „Beugt den vermeidbaren Krankheiten vor. Tut Dinge, die Euer Urteilsvermögen schärfen, und leitet besonders Eure Kinder dazu an. Treibt Sport, achtet auf

Eure Ernährungsgewohnheiten und vermeidet Alkohol, Drogen und Tabak im Übermaß. Macht Euch statt einer krankheitsorientierten eine gesundheitsorientierte Einstellung zur Gewohnheit."

Wie aber lassen sich die vier Elemente den Himmelsrichtungen zuordnen und was stellen sie für uns dar? Hier einige Ansätze, die aber nicht gedankenlos übernommen werden sollten, sondern zwingend der individuellen Ausgestaltung bedürfen.

Luft

Die Luft, das Element des Ostens, ist Symbol für die Morgendämmerung, den klaren Geist, die erwachenden Gedanken und die Fähigkeit, sich zu verbinden.

Die Luft kann am besten durch eine Räucherung dargestellt werden. Spezielle Räucherungen unterstützen das Ritual, indem sie das innere Spannungspotential anheben. Der Gebrauch von Düften bildet seit ältesten Zeiten ein zentrales Element bei Ritualen. Als Duft nehmen wir mit unserem Geruchsorgan ausschließlich gasförmige Stoffe war, die eine Erregung des Geruchssinnes bewirken, die sich dann über bestimmte psychische Reaktionen in den Gefühlen widerspiegelt, die motorischen Organe beeinflußt und Signale an die Drüsen des vegetativen und reproduktiven Bereichs aussendet. Düfte haben außerdem einen direkte Auswirkung auf die Atmung haben. Letztlich kann durch spezielle Beimischungen auch der Bewußtseinszustand verändert werden. Die Beschreibung der vielen verschiedenen möglichen Zutaten für Räucherungen und deren spezielle Wirkungen und Bedeutung würde (und wird) ein eigenes Buch füllen.

Wasser

Das Wasser, das Element des Westens, ist Symbol für Tiefe und Intuition, für das Fließende und Erfüllende in uns und in allem Sein, für die Fähigkeit, seine Gefühle strömen zu lassen und deren Tiefen auszuloten, aber auch für das Spielerische, die kindlichen Energien und die Weichheit.

Die Verehrung des Wassers und der Quellen zieht sich durch alle Religionen. Speziell die keltischen und germanischen Überlieferungen und Mythen sind reich an Berichten und Erzählungen über Wassergottheiten, Wasserkräfte und Heilquellen. Als wichtigste Eigenschaften des Wassers galten seine reinigenden und heilenden Kräfte und es war unter Strafe verboten, diese heiligen Wasser und seine Quellen zu verunreinigen. Der Schutz und die religiöse Verehrung, die sie u.a. den Heilquellen zukommen ließen, zeugt von tiefem ganzheitlichen Denken und ökologischem Bewußtsein.

Die fruchtbarkeitsfördernde Kraft des Wassers ist augenscheinlich, sprudelt doch die Quelle unaufhörlich klares Wasser aus dem dunklen Erdinneren an die Erdoberfläche und verwandelte die Umgebung in ein Blumen- und Blütenmeer. Das Wasser hat keine eigene Gestalt, es passt sich den jeweiligen Formen an. So wie der Austritt aus dem Urgrund, aus der potentiellen Möglichkeit, der Eintritt in die Welt aus Raum und Zeit ist, so ist verleiht der Austritt aus dem Wasser dem Leben seine sichtbare Begrenzung und seine Geschichte. Goethe hatte dies wohl schon erfasst, als er die Bemerkung notierte: „Des Menschen Seele gleicht dem Wasser. Vom Himmel kommt es, zum Himmel steigt es, und wieder nieder zur Erde muss es, ewig wechselnd."

Bereits die keltischen Druiden, so berichtet es Markale, versuchten sich die geheimnisvollen Energien des flüssigen Elementes dienstbar zu machen und zu beherrschen, indem sie dem Element eine zentrale Bedeutung in ihren Ritualen beimaßen. Auch heute noch erschließen wir uns die Kraft des Wassers bei den Ritualen der Wasserweihe (Taufe), dem Trankopfers oder der rituellen Waschung. „Das Wasser ist das Blut der Erde und fließt durch ihre Muskeln und Adern. Nur wer mit seinen Prinzipien umzugehen weiß, kann in rechter Weise handeln. Für den Weisen ist daher das Wasser der Schlüssel zur Wandlung der Welt. Denn wenn das Wasser unvergiftet ist, ist das Herz der Menschen befriedet."
(Kuan-Tzu, 4. Jhd. v. Chr.)

Erde

Die Erde, das Element des Nordens, ist Symbol für den Urgrund, den Humus, die Substanz des Lebens, für die Verwurzelung mit den Ahnen und für die Fähigkeit, standhaft und stetig zu sein. Die Erde ist starke Bewahrerin, heilige Erhalterin und große Versorgerin.

Die Verehrung der Natur im allgemeinen und der Mutter Erde im speziellen ist ein besonderes Merkmal der heidnischen Religionen. Jeder Ort und jeder Wald, jede Quelle und jeder Acker, jeder Baum und jeder Stein gelten grundsätzlich als heilig und mit der Kraft der Ahnen geladen. Die Stellen, die durch ihre geologische Lage oder andere Außergewöhnlichkeiten die erhöhte Aufmerksamkeit der Menschen auf sich zogen, waren seit Urzeiten die bevorzugten Kraft- oder Kultplätze. Die Erde ist die Urmutter des Lebens, sie sorgt für Nahrung und Kraft, sie ernährt die Pflanzen und die Tiere und damit den Menschen. Ihr mütterliches Wesen ist eine reiche Quelle der Fruchtbarkeit und von segensreichen Kräften, der Mensch bleibt mit ihr schicksalsverbunden sein ganzes Leben lang. Die Heil-

kräfte, die in ihr schlummern, fließen durch Berührung in den kranken Körper. Die heidnische Auffassung von der Welt und von der Erde wurzelt in dem Wissen, daß alles mit allem irgendwie zusammenhängt und daß die Lebewesen untereinander wie auch mit der unbelebten Welt in Einklang und innerer wohlgefügter Harmonie stehen. Die Erde gehört folglich keinem Menschen und auch nicht den Menschen als Gesamtheit, sie ist nicht „untertan zu machen", sondern der Mensch gehört zur Erde.

Diese ethische Haltung, die von einer tiefen natürlichen Religiosität zeugt, beweist sich z.B. in der Praxis der Gebete und Meditationen vor und nach der Feldarbeit, im Erntedankfest usw. Wir würdigen die Fruchtbarkeit der Erde, indem wir ihr den Beinamen "Mutter" geben. Mutter Erde ist der rechte Name für die Lebenskraft, die wir von ihr empfangen, für den Boden, der uns Nahrung gibt und für das heilige Land, das unsere Toten beschützt. Mutter Erde steht auch für das weibliche Prinzip des Elementes, für die körperliche Fruchtbarkeit des dunklen erdigen Urschoßes.

Der dualistische und ergänzende Gegenpol ist in diesem Sinne Vater Land, die männliche Ausprägung des Elementes. Während der weibliche Teil der Botschaft der Erde mit den bloßen Händen und den nackten Füßen gefühlt werden kann, setzt das Verständnis des männlichen Teils abstrakte und in gewissem Sinne intellektuell-idealistische Denkprozesse voraus. Vielleicht liegt es mit an dieser kalten Abstraktheit, daß viele Menschen mit dem Begriff des Vaterlandes ihre Schwierigkeiten haben.

Wir kommen jedoch nicht an der kämpferischen Komponente des Elementes vorbei, wenn wir zur Bewahrung der Erde und ihrer Fruchtbarkeit beitragen wollen. Die rituelle Verehrung der Erde und ihres Raumes verlangt daher nicht nach der romantischen Verklärung des Natürlichen durch Jenseits-Religionen oder, wie dies Evola nannte, nach dem „lyrisch-subjektiven Pathos", sondern nach einer tiefgreifenden Bewußtseinsänderung und einer aufrichtigen Suche nach dem Göttlichen in uns und um uns! Wenn wir diese Forderung aufstellen, müssen wir auch das konkrete Wort Verwurzelung aussprechen und wir sind uns völlig klar darüber, daß wir gerade damit im Widerstand zur mobilen und globalisierten „Gesellschaft" stehen.

Im Ritual betonen wir den erdhaften Charakter des Menschen und nehmen darauf Bezug. Der menschliche Körper ist ein Abbild der Erde, Stoffwechselvorgänge und Gemütszustände ähneln einander in auffälliger Weise. Die Erde ist das Fleisch des menschlichen Körpers, durchpulst und durchströmt vom Wasser und seiner reinigenden und lebenserhaltenden Kraft. Das Feuer manifestiert sich im Geist des Menschen und mitten drin, als Mittler zwischen Erde und Himmel, zwischen Körper und Geist, zwischen lunar und solar, die Luft als Medium des göttlichen Atems des Menschen. So singt für den, der mit dem inneren Ohr zu hören vermag, die Erde ihr leises, melodiöses Lied vom Wesen der Welt. Das Ritual der Erde zu begehen heißt, ein tiefes Verstehen sein eigen nennen zu können. Das tiefe Verstehen aber hat einen Befehl: das Land vor dem Untergang zu bewahren. Die Erd-Weihe und die bewußte rituelle Kraftschöpfung aus der Erde sind fester Bestandteil fast aller heidnischen Rituale. Ein ausgesprochenes Erdritual ist z.B. das Erntedankfest.

Feuer

Besondere Aufmerksamkeit im Rahmen der Sonnenwendfeier verdient das Sonnenwendfeuer und damit das Feuer-Element. Das Feuer, das Element des Südens, ist Symbol für das Licht, für Liebe und Leidenschaft, für Energie und Ekstase, für Erleuchtung, Lebenskraft, Willen und Reinheit, für den Funken des Lachens in unseren Augen, aber auch für die Wut; außerdem für die Fähigkeit, sich immer wieder aufs Neue zu begeistern, für neues Entfachen und Wiedergeburt.

Feuer genießt seit jeher die Ehrfurcht der Menschen. Zu allen Zeiten galt es als Verbindung zwischen göttlichem und menschlichem. Kaum ein Element ist so gegensätzlich in seiner Wirkung, nirgendwo liegen das Auf- und das Abbau- ende Prinzip so dicht beieinander. Die magische Anziehungskraft des Feuers auf die Menschen hat viele Gründe. Feuer spendet Wärme-, Licht- und Leben und war lange Zeit unentbehrlich bei der Speisenzubereitung. Das Leuchtfeuer weist dem Schiff die Richtung, auch symbolisch: kein Orakel, keine Visionssuche ohne die meditative Kraft des Feuers. Faszination strahlt es aus, und Atmosphäre: freund- lich und seelenwärmend ist das Spiel der Flammen. Sein Knacken und Knistern, das Kräuseln des Rauchs und das Stieben der Funken in sternklarer Nacht ziehen den Betrachter in ihren Bann – auf eine Weise, die altes Wissen zu wecken scheint, die mehr als bloße „Gemütlichkeit" bedeutet. Der „Lebensfunke" glimmt auch in unserer Mitte, erlischt er, bleibt der Tod.

Im Gegensatz dazu stehen die verzehrende Gewalt des Feuers, seine Wild- heit, seine Unkontrollierbarkeit und seine zerstörerische Kraft. Der Blitz, der mit lautem Donnerkrachen vom Himmel fährt, bringt Feuer und Verwüstung. Das

Feuer löst die Formen auf, selbst Farben haben keinen Bestand, am Ende ist Ruß und Schwärze. Unter der sengenden Hitze des Feuers schmilzt alles dahin, Eis wird zu Wasser und Wasser zu Dampf; Holz wird zu Asche und diese zum Opfer des Windes. Scheinbar bleibt nichts, und doch bleibt alles, nichts geht verloren. Materie wird zu Energie – Feuer ist Verwandlung, Transformation zum Urzustand. Feuer ist Reinigung, Entschlackung und Entflechtung. Feuer ist eine Urgewalt – faszinierend und furchteinflößend zugleich.

So verwundert es nicht, daß Feuer zum festen Bestandteil der Kulthandlungen aller Völker, Zeiten und Erdteile wurde. Von den Feuergruben der Jungsteinzeit bis zum olympischen Feuer hat dieses Element stets die Menschen beschäftigt. Zentrale Feuer, ewig brennend und priesterlich behütet, finden wir daher vor allem in den Kulturen des heidnischen Zeitalters. In der Mythologie der Germanen finden wir das Herdfeuer, das heilige Feuer des Pentafaen, welches das ganze Jahr über brennt und nur einmal neu entzündet wird. Brunhild wurde auf der im Nordmeer gelegenen Insel Island durch einen Ring aus Feuer vor unehrenhaften Freiern beschützt. In Richard Wagners „Ring der Nibelungen" spricht Wotan dazu: „Wer meines Speeres Spitze fürchtet, durchschreite das Feuer nie." In Latium wurde das Ewige Feuer der Vesta, der Göttin der Herdfeuer, von den Vestalinnen gehütet, in Griechenland waren es im allgemeinen die Prytaneen, die Tempelfeuer in Delphi, Samothrake und Athen. Aber auch in anderen Teilen der Welt finden wir Feuerkulte als festen Bestandteil der Religion. Das Alte Testament, die Urschrift des jüdischen Glaubens, berichtet von der göttlichen Offenbarung Jahwes in Gestalt eines brennenden Dornbuschs, und im Christentum finden wir das Fegefeuer als Ort der Reinigung. Bis in die heutige Zeit erhalten sind die Feuerläufe auf Java, Martinique und Haiti. Der Feuerkult war allerdings nirgendwo ausgeprägter als in den Breiten der strengen Winter, dem Europa „zwischen dem Eis". Flammenschalen, „Ewige Feuer", Feuerwächter, Lebensleuchter, Neu- und Jahrfeuer, Feueropfer und Räucherungen sind feste Bestandteile vor allem indogermanischer Kultur, nicht zu vergessen die verschiedenen Feuerbräuche im Jahreslauf wie Faschingsfeuer, Osterfeuer, Johannisfeuer oder Petersfeuer. Die Sehnsucht der Bewohner nach der lebensspendenden Sonne – gerade in den Wintermonaten – prägte diese Rituale.

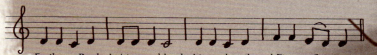

Earth my Bo-dy, Water my blood, Air my breath and Fire my Spir-it
Erde mein Kör-per, Wasser mein Blut, Luft mein Atem und Feuer mein Gei-st

Es ruft, es ruft - es ruft, es ruft, die
Erde, das Wasser, das Feuer und die Luft.

Der Ursprung des Sommersonnwendfeuers

Unser heidnisches Unterbewußtsein verspürt den sehnsüchtigen Wunsch, sich dem Mysterium der sommerlichen Fülle rituell zu nähern. Hier, in Lied, Wort und kultischer Handlung, unterliegt der Mensch dem Rhythmus der Natur, der ihn zurückbindet an die Wurzel des Seins und hinaufpulsiert in höhere, solare Bewußtseinszustände. Die Sonnenverehrung verlangt nach dem Feuerritual, welches den Menschen in einen Kreislauf gewaltiger Ahnungen katapultiert, die ihn das ewige Stirb und Werde fühlen lassen, deren Tage auf seine Nächte, deren Nächte auf seine Tage folgen, und die ihn als Glied in diese Kette schmieden. So erleben wir das Ritual der Sonnenwende als organischen Baustein im großen Gefüge der kosmischen Gesamtordnung, in die alle Wesen, Erscheinungen und Kräfte der Welt eingefügt sind. Wir sehen das dürre, trockene Holz als gestorbenes Kind der Vermählung zwischen Licht und Erde. Ein einstmals grüner Baum ist reif für die Hingabe, für die Auflösung, für sein Selbstopfer. Das heilige Feuer führt ihn zurück in Licht und Asche, aus denen er sich geboren hatte. Die Flamme, die Tänzerin auf goldenen Füßen, vollzieht gleichsam freudig die Rückgabe geliehener Substanz – der Sonne das Licht und der Erde die Asche – zur Geburt neuen Lebens. Was empfangen wir, wenn sich das Holz des Sonnenwendfeuers glühend in sein Schicksal ergibt? Es mahnt uns, das Geschenk nicht selbstsüchtig an uns zu raffen, sondern rechtzeitig ebenso glühend wieder freizugeben. Und warum ist das Feuer so schön? Weil es aus dem Schoße der Nacht geboren wird. Das Mysterium des Feuers begreifen wir nur durch das Mysterium des Dunkels, aus dem heraus unsere Flammen in das Leben lecken und in das sie sich erschöpft zurückziehen, um sich erneut an den unendlichen Geheimnissen und endlichen Ewigkeiten des Seins zu tränken.

Das Ritual der Sommersonnenwende findet statt am Tag des astronomischen Solstitiums der Sonne, dies ist in unserer Zeit momentan der 21. Juni. Ursprünglich schloss sich dem Ritual eine drei bis zwölftägige Festzeit an, ähnlich den stillen Tagen der Julzeit. Die mittelalterliche Bezeichnung sunnenwenden hat schon Jacob Grimm aufgrund ihrer Pluralform so gedeutet, dass es sich wohl weniger um einen bestimmten Tag, als vielmehr um eine ausgedehnte Zeit um den Tag des höchsten Sonnenstandes herum gehandelt haben muss. Aber es finden sich noch weitere alte Namen, so z.B. ahd. sunniwenti, sunwent, summet, sunnegiht und sunnenstavinge sowie ferner sunnenstat. Dem Druck des Christentums nachgebend, verschob sich der Zeitpunkt des Sonnwendfeuers auf den 24. Juni, und sein Name änderte sich in Johannisfeuer, da es unter dem Einfluss des juliani-

schen Kalenders auf den Vorabend des Johannistages gelegt wurde. Die Verbreitung der Sonnwendfeuer von Indien bis Europa beweist aber eindeutig, daß es sich im Falle des Johannisfeuers nicht um einen christlichen Brauch, sondern um ein, dem gesamten indogermanischen Raum eigenes, heidnisches Ritual handelt, welches die christliche Kirche im Zuge ihrer Assimilierungsstrategie (ideologische Umwertung durch Vereinnahmung) unschädlich zu machen hoffte. Den Bezug zum Sonnenlauf wollte die Kirche in den Worten Johannis, des Täufers, den man oft auch als den kleinere(n) Verkünder des größeren Christus bezeichnet, hergestellt wissen. Im Johannisevangelium nämlich lesen wir: „Ich bin der Messias nicht, sondern ein Abgesandter bin ich, der ihm vorauf geht ... diese Freude, die mir zukommt, hat nun ihren Höhepunkt erreicht: Jener muss wachsen, ich aber abnehmen." (Joh.3)

Im bäuerlichen Leben bedeutet die Wende der Sonnenbahn gleichzeitig den Übergang der Zeit des Blühens und Wachsens in die Reife- und Früchtezeit, denn nach der Wende blüht als einzige Pflanze nur noch die Linde und was bis zum Sonnwendtag keine Frucht angesetzt hat, das wird auch nachher nichts Bedeutendes mehr bringen. Deshalb begriff auch der bäuerlich-heidnische Mensch den Zusammenhang zwischen Sonnenkraft und Fruchtbarkeit besser als der christliche Dogmatiker, der die sonnenmagischen Rituale bekämpfte. Er begriff, daß sein Leben weniger von den Heiligen des gelobten Landes und Jehova, dem Gott der Wüste, abhing, als vielmehr von der Energie und der Kraft der Sonne, welche er mittels des Sonnwendfeuers verehrte. Die Glut des Feuers steht im direkten rituellen Zusammenhang mit der Hitze der Sonne. Die weit verbreitete Sitte, brennende Räder die Abhänge hinunterzurollen und glühende Holzscheiben durch die Luft zu schleudern verweist auf eine Nachahmung des Sonnenlaufs zur Stärkung der Sonne im Augenblick ihres höchsten Standes. Die Annahme, damit Flur und Feld für das Gedeihen der jungen Saat zu reinigen, ergänzt diesem Brauch in idealer Weise.

Die Reinigungskraft des Feuers und seine kathartische Wirkung kommen in all den Handlungen zutage, in denen schädliche Stoffe, aber auch (gemeinschafts) schädliche Werte und Charakterzüge dem Feuer zur Vernichtung oder Läuterung übergeben werden. Die reinigende Wirkung des Feuers wurde wohl zuerst ausschließlich auf seine fruchtbarkeitsfördernde Kraft beschränkt. Erst im Zuge der neopaganischen Tendenzen ab 1900 erweiterte sich der Begriff der Reinigung und Läuterung nachweislich auf die ethischen und moralischen Werte des Menschen und argumentierte mit dem ewigen Kampf zwischen Licht und Dunkel. Heidnisch konnte man und kann man auch heute nicht die politisch motivierten Sonnenwendfeiern nennen, die das allgemeingültige naturreligiöse Ritual für ein rein nationales Motto oder sogar Parteiinteressen instrumentalisieren. Im Gegenteil, denn viele zeitgenössische Sonnenwendfeiern sind eher geprägt vom einem okkulten „Kampf" gegen das vermeintlich „Böse" und gründen ihrerseits auf der christlich induzierten moralischen Wertung natürlicher Dualismen („Himmel und Hölle"...) – eine weitere eklatante Schwäche der Dogmatiker dieser Welt.

Die heidnischen Sonnenwend- und Fruchtbarkeitskulte sind fröhlicher, lebensbejahender und erotischer Natur, nicht düster und pathetisch. Sie sind geprägt von kunterbuntem Treiben quer durch Geschlechter und Generationen – man denke nur an die Feuersprünge, die Mysterienspiele und das heilige Bad der Mädchen im Tau der Sonnwendnacht oder im See bei den ersten Sonnenstrahlen. Mittsommer ist auch die Zeit der heiligen Hochzeit, in der die im Frühjahr („Hohe Maien"...) verlobten Paare ihre Verbundenheit zeigen. Auf der estländischen Insel Moon wird, während das Feuer brennt, im Walde das Beilager des Johannispaares vollzogen. Im Lavanttal kreist seit Urzeiten vor dem Entzünden des Holzstoßes der Becher unter der Gemeinschaft. Selbst die germanischen Trinkgelage, später Johannisminne genannt, zeugen von gewaltigen Kultmahlen und dem Ausdruck überschwänglicher Lebenslust.

Eine wichtige Frage zum Schluß ist noch, ob die ursprünglichen Sonnwendfeuer ausschließlich magisch-rituelle Bestimmung hatten oder ob sie nicht vielleicht auch Hilfsmittel zur Berechnung von astronomischen Daten waren. Die heute veröffentliche Meinung verbreitet unisono den Eindruck, daß bei einem Naturvolke wie unseren vorgeschichtlichen Vorfahren von einer astronomisch genauen Festlegung des Solstitiums keine Rede sein konnte. Überhaupt wird man nicht müde, ungeprüft die Segnungen des „christlichen Abendlandes" zu preisen und dabei den eigenen Ahnen jegliche Kulturkompetenz abzusprechen und stattdessen allerlei Rohes und Unsittliches anzudichten. So z.B. das

Sonnenwendfeuer betreffend im Handwörterbuch des deutschen Aberglaubens, über die Bedeutung des Rauches: „ ...auch der Rauch verscheucht Hexen und böse Gewalten. Darum kommt es darauf an, möglichst viel Rauch zur Entwicklung zu bringen...". Nun wissen wir alle, daß die gewaltige Anlage von Stonehenge nichts anderes war, als ein zeitgenössisches Labor zur Berechnung astronomischer Daten, die heutzutage kaum genauer ausfallen würden. Wir verdanken es unter anderem R. Koneckis, ähnliches für die Steinreihen von Carnac bewiesen zu haben. Es stellt sich dabei die interessante Frage, wie es den damaligen Forschern gelang, zur Bestimmung der Sonnenbahn die Sonne zu verdunkeln. Er liefert die Antwort gleich mit:

Die Benebelung der Sonne lässt sich künstlich herbeiführen. Für eine genaue Messung der Sonnenscheibe benötigt der Beobachter nur eine Messzeit von etwas mehr als 2 Minuten. Zu diesem Zweck wird ein ausreichend großes Feuer entzündet, und zwar so, daß der Rauch zwischen Sonne und Beobachter vorbeizieht. Im entscheidenden Augenblick wird das lodernde Feuer mit grünen Zweigen zugedeckt, wodurch weißer, kräftiger Rauch hervorquillt, der die Sonne wie gewünscht abdeckt und ihren Rand jetzt klar vom Himmel abhebt. Die Süd-Bretagne kennt noch heute ihre riesigen Sonnwendfeuer, die einen Durchmesser von bis zu zwölf Metern erreichen können. Untermauert wird dies durch die Feststellung, daß die Sonnenwendfeuer im salzburgischen Land auch heute noch tagsüber von der Schuljugend angezündet, mit frischen Reisig bedeckt und nach der Art ihrer Rauchentwicklung beurteilt werden. Auch wenn den meisten Salzburgern der ursprüngliche Sinn ihres Treibens verlorengegangen ist, so freuen wir uns über den Erhalt eines Brauches, dessen Charakteristik das Vorurteil von den barbarischen Vorfahren ein weiteres Mal zu Fall bringt.

lindenblütenpflücken für die schwitzhütte

Praktisches zum Ablauf

Den möglichen Ablauf einer Sommersonnwendfeier wollen wir beispielhaft an dieser Stelle aufzeigen, einzelne Komponenten werden dann in den folgenden Kapiteln vertieft.

Wichtig ist zunächst die Auswahl des Feuerplatzes. Eine Belästigung – in beide Richtungen – sollte ausgeschlossen sein, das Einverständnis des Grundstückseigentümers ist Voraussetzung. Ideal ist eine Anhöhe, wobei bei trockenem Wetter der mögliche Funkenflug beachtet werden muss. Auch alte Steinbrüche eignen sich hervorragend, in jedem Fall sollte man weiträumiges und unbewohntes Gebiet aufsuchen. Wenige Tage vor der Sonnenwende verständigt der Veranstalter die zuständige Gemeindeverwaltung, welche die Ankündigung des Feuers an die örtliche Polizei und Feuerwehr weitergibt. Sonnwendfeuer sind im allgemeinen nicht genehmigungspflichtig, sondern bedürfen nur einer formlosen Anmeldung.

Idealerweise reisen die Teilnehmer bereits am Vorabend an, um sich am 21. Juni, dem Tag der Sommersonnenwende, voll auf die Feierlichkeit konzentrieren zu können. Harte körperliche Arbeit (Holzschlagen und Verbringen, Aufbau des Feuerstoßes, ggf. Aufbau der Schwitzhütte, Steineschleppen für Feuerbegrenzung und Hütte) und andere gemeinschaftliche Tätigkeiten (Anfertigen von Fackeln und Feuerrädern, Blüten sammeln, Speisenzubereitung, Aufstellen von Sitzgelegenheiten und Schlafplätzen, Vorbereitung der Tänze, Lieder, Spiele usw.) helfen uns, den Alltag abzustreifen und den nötigen Abstand herzustellen. Unterstützt wird diese Einstellung durch gemeinsames Fasten ab dem Vorabend, um dann das Festmahl zum Abschluss der Feier nach vollzogener Sonnenwende wirklich würdigen zu können.

Die Gemeinschaft trifft sich entweder direkt am Feuerplatz oder an einem speziellen Treffpunkt, von dem aus der gemeinsame Anmarsch erfolgt – möglichst Hand-an-Hand mit einem Lied, um Grüppchenbildung zu vermeiden und die Aufmerksamkeit aller sicherzustellen. Bevor die endgültige Kreisformation um den Feuerstoß eingenommen wird, umschreitet ihn die ganze Gruppe mehrfach und deutet so einen symbolischen Schutzkreis an, der die guten Kräfte binden und den Ort der Feier befrieden soll. Der Schutzkreis kann auch optisch sichtbar gemacht werden, z.B. durch das Ausstreuen von Blüten.

Bei der endgültigen Formation ist darauf zu achten, daß die vorher festgelegten Sprecher an den markierten Stellen der Haupthimmelsrichtungen in Bezug auf die bevorstehenden Sinnspiele und das rituelle Entzünden des Feuers stehen. Die Himmelsrichtungen können zusätzlich durch brennende Flammenschalen symbolisiert werden, die den Kultort stimmungsvoll erhellen und gleichzeitig die Abgrenzung der heiligen Mitte nach außen unterstützen. Es folgt z.B. ein gemeinsames Lied und/oder eine Zeit der Versenkung/Meditation, bevor der Kultleiter mit lauter Stimme den Leitgedanken bekannt gibt. Das Entzünden des Feuerstoßes danach ist der feierlichste Moment der Sonnenwendfeier und sollte stilvoll und würdig begangen werden – z.B. mittels eines vorher einstudierten Mysterienspiels, wie es im folgenden beschrieben wird. Auch die übrigen Zeremonieteile können als Bausteine den nachfolgenden Kapiteln entnommen werden.

Am Schluß der Feierlichkeiten steht das gemeinschaftliche Mahl. Durch dieses Kultmahl und das gegenseitige Zutrinken am Ende, wird der Spannungsbogen sanft vom offiziellen zeremoniellen Teil zum geselligen Abschnitt hingeführt. Es ist wichtig, daß dieser Teil fröhlich und unverkrampft verläuft – eine kleine Belohnung für die vorangegangene ernsthafte Beschäftigung mit den Sonnenwendritualen. Selbstverständlich ist auch eine kleine Ansprache des Veranstalters zur Eröffnung des Mahls, in der nochmals auf die Symbolik des gemeinsamen Essens in Bezug auf die gegenseitige Liebe und Fürsorge hingewiesen werden sollte. Ebenso sollte der Dank an die Natur als den eigentlichen Gastgeber der Festtafel sowie das Ahnengedenken nicht fehlen. Zum Schluß der Tischrede folgt ein Trinkspruch und das gegenseitige Zu-Prosten. Der jeweils erste Schluck kann zum Zeichen der Ehrfurcht und des Respekts vor der uns nährenden Natur geopfert werden, indem er entweder z.B. auf den Boden oder auch in das verlöschende Sonnenwendfeuer geschüttet wird. Ein gemeinsames Tischgebet oder ein Sinnspruch, bei dem sich alle Sippenmitglieder die Hände reichen, rundet das Zeremoniell ab – es beginnt dann der gesellige Teil. Das Ende des Mahls sollte allerdings wieder „offiziell" bekannt gegeben werden, um nicht das unbefriedigende Gefühl des langsamen „Abbröckelns" aufkommen zu lassen. Später können sich weitere Feierlichkeiten wie Liedersingen, ein Schlusskreis(tanz), weitere Sinnspiele oder auch eine Schwitzhüttenzeremonie und die gemeinsame Nacht am Feuer anschließen.

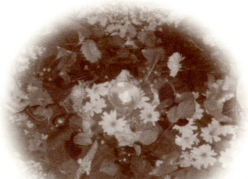

Die Heilige Mitte zur Sommersonnwende

Zu allen unseren Zeremonien gehört eine Heilige Mitte. Dazu werden passende, symbolträchtige Gegenstände zur Runde angeordnet und auf den Boden oder einen Tisch bzw. Altar gelegt. Die Symbolik der Heiligen Mitte verdeutlicht und untermalt das Geschehen des Rituals. Anregungen zur Gestaltung finden wir bei zahlreichen Ganzheitssymbolen aus allen Kulturkreisen. Ob im Urbild der Spirale, bei Labyrinthen, in Steinkreisen oder in den vielen farbenprächtigen Mandalas der Völker – immer scheint es darum zu gehen, eine Beziehung zu Höherem, Göttlichem auszudrücken. So verwenden wir auch in heutiger Zeit ein Symbol des Runden, als Aspekt des Ewigen, Heilen und Ganzen, und nennen es die Heilige Mitte.

Wenn möglich, erschaffen wir die Mitte gemeinsam. Das stimmt uns auf das Ritual ein und kann auch Teil desselben sein. Zum Ausgestalten verwenden wir die Gaben der Natur: Blüten, Blumen, Zweige, Blätter, Gräser, Ähren, Früchte, Federn, Muscheln oder Steine. Viele dieser Dinge vermitteln neben ihrer natürlichen Bedeutung auch eine symbolische Qualität (Rose – Schönheit, Immergrün – Ewigkeit usw.). Zusätzlich differenzieren wir durch die Wahl von jahreszeitlichen Zugaben.

Unsere Heilige Mitte zur Sommersonnenwende zeigt die Schönheit und Vielfalt des Sommers. Die zarten Farben des Frühlings gehen in kräftiges Rot über, das bis zur Erntezeit vorherrschend bleibt. Speziell zur Sommersonnenwende bietet sich ein rundgerafftes voll-rotes Seidentuch als Unterlage an, darauf ein zur Spirale gewundenes Goldband, in der Mitte eine Schale mit Rosenblüten, schwimmenden Lichtern, Holunder und Rosen rundum – denn wir feiern die Hochzeit des Jahres, speziell die Vermählung des männlichen Elements Feuer mit dem weiblichen Element Wasser. Wachsfackeln verstärken die Bedeutung des Lichts zu dieser Zeit. Als Sinnzeichen passen alle Sonnensymbole und goldgelb gebackene Drehwirbelmotive dazu.

die heilige mitte legen

Jeder hat Blumen in seiner Lieblingsfarbe sowie weitere persönliche Gegenstände mitgebracht. Wir sprechen aus, welche Beziehung wir zu den gewählten Elementen haben und legen sie gemeinsam aus. Alle können noch Verbesserungen vorschlagen, bis allseitige Zufriedenheit entsteht.

kreistanz um die heilige mitte

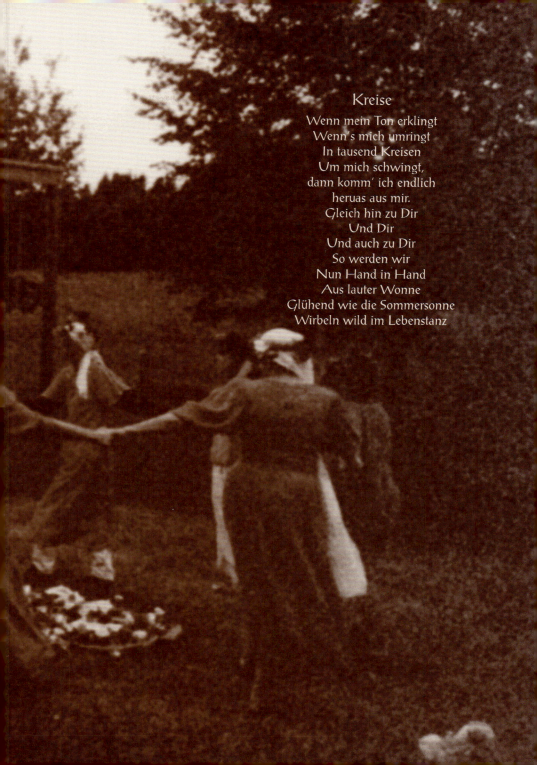

Kreise

Wenn mein Ton erklingt
Wenn's mich umringt
In tausend Kreisen
Um mich schwingt,
dann komm' ich endlich
heruas aus mir.
Gleich hin zu Dir
Und Dir
Und auch zu Dir
So werden wir
Nun Hand in Hand
Aus lauter Wonne
Glühend wie die Sommersonne
Wirbeln wild im Lebenstanz

Symbolgebäck zur Sommersonnwende

Die Herstellung von Backwerk kann mehr sein als reine Nahrungsmittelzubereitung. Indem es gelingt, die „Massenherstellung" durch die rituelle Zubereitung sinnhaltiger Gebilde zu ersetzen, verwandelt sich die Arbeit in einen Quell von Freude und Besinnung. Oft entwickelt sich das Teigzubereiten, Formen und Backen selbst zu einer kleinen Zeremonie im Kreise der Lieben.

Die Symbolbäckerei befriedigt nicht nur den Hunger im Bauch, sondern auch den Hunger des Geistes, denn: „Der Mensch lebt nicht vom Brot allein!" Davon profitiert nicht nur der „Konsument", sondern in diesem Falle auch der „Produzent", möglicherweise bereits beim Backen selbst.

Bevor wir mit der Backkunst beginnen, suchen wir nach geeigneten Formen. Für den Anfang eigenen sich Natur, Pflanzen oder Tiermuster, aber auch das völlig freie Gestalten fördert oft spontane und ausdrucksstarke Bildwirkungen zu Tage.

Speziell zur Sommersonnenwende setzen wir als Vorlagen vielerlei Sonnenzeichen ein wie z.B. gedrehte oder geflochtene Teigbänder, gebackene Rosetten, Triskelle, Drehwirbel, Räder oder Strahlenarme. Die aussagekräftigen Symbolformen sind mehr als nur Dekoration. Wie echter Schmuck wirken sie wertvoll, verkörpern einen kostbaren Inhalt für uns. Falls das „Kult"-Gebäck nicht gegessen wird, kann man es auch als Opfergabe z.B. in das Sommersonnwendfeuer werfen, oder den Gastgebern als Gastgeschenk oder Dankesgruß übergeben.

Sonnenwende - ein ganz persönliches Ereignis

Das Abbrennen des Sonnwendfeuers ist ein Gemeinschaftsritual. Familie und Freunde nutzen den Anlass, den Alltag zu verlassen, sich auf Wesentliches zu besinnen, gute Wünsche auszubringen und – im Gedenken der Ahnen – das Bekenntnis zu den Werten der Gemeinschaft und zur Gemeinschaft selbst zu erneuern. Entsprechend feierlich und würdevoll sollte die Zeremonie im Kern gestaltet werden – ohne auf die befreiende Wirkung des Körpereinsatzes (Feuersprung, Sonnentanz usw.) zu verzichten. Eine rein vergeistigte Kirchenzeremonie i.S. christlicher Körper-Überwindungs(un)logik ist der naturreligiösen Gemeinde fremd. Prinzipiell muss man dem verklemmten Verharren in düsterem Gemäuer sogar eine gewisse Gottesferne, um nicht zu sagen Gotteslästerlichkeit, unterstellen. Entsprechende Tendenzen „aufgeklärter" Christen zu Luft, Licht und Freude im Rahmen ihrer Gottesdienste deuten auf die schrittweise unbewußte Überwindung des Dogmas durch die Menschnatur. Es bleibt aber leider festzustellen: Wenn Christen, hier stellvertretend genannt für alle Jenseitsreligiösen, Monotheisten und Offenbarungsjünger, Gutes tun, tun sie dies – kraft ihres Menschseins – obwohl ! sie Christen sind, nicht weil !

Erst steht der Mensch, dann folgt seine „Verpackung", und leider, leider lassen sich aus kultureller Gewohnheit und Gruppendynamik und in Ermangelung gesellschaftsfähiger Alternativen so viele großartige Menschen herdenmäßig vor die falschen, weil nachweisbar wesensfernen und erfundenen, Karren spannen. Nun, seid gewiss, wir lieben Euch trotzdem. Das ursprüngliche, übergreifende, unspektakuläre und tief verwurzelte Heidentum aber, die natürliche Religion, kann heute – gegen den Widerstand übermächtiger kirchlicher und staatlicher Institution – nur derjenige erkämpfen, der das Glück entsprechender geistiger, materieller und temporärer Freiräume sowie eines initialen Impulses hat und zudem den Willen und das Selbstbewußtsein, auch einmal das „Undenkbare" zu denken und ebenso sich selbst und die eigene Meinung in Frage zu stellen. Ohne nennenswerte Unterstützung und ohne die Lobby und den Nestschutz einer Staatsdoktrin muss dieser Weg nackt und allein gegangen werden. Viel einfacher dagegen ist, unbequeme Gedanken zu verdrängen und die Wahrnehmung der Lebenswirklichkeit selektiv, der eigenen Einstellung gemäß, zu sortieren. Eine komfortable, unaufregende Einbahnstraße – hoffentlich keine persönliche Sackgasse.

Der Sonnenwendfeier wird also wohl auf absehbare Zeit kein „offizieller" Priester zur Verfügung stehen, der den Konsum erleichtert. Tatsächlich steht die Exklusivität des Priesterstandes durch Einsegnung und Ordination, wie wir es von den „großen" Religionen her gewöhnt sind, mit den freidenkerischen heidnischen Motiven in Widerspruch. Der Mensch kann sich nur selber Priester bzw. Zeremonieleiter sein oder aber diese Ehre für Sippenangehörige und Freunde auf Wunsch übernehmen. Der Mensch ist der Herr über sein Schicksal, er kann es verwerfen, akzeptieren oder bewußt bejahen und freudig leben. Der Mensch besitzt die Möglichkeit und die Kraft, sich über sich selbst zu erheben. Aber gerade dadurch, dass er der Herr seines Lebens ist und diese Verantwortung an niemanden abtreten kann, steht ihm auch die Weihe seines eigenen Lebens zu, ja diese wird geradezu von ihm gefordert, und kein anderer kann ihn aus dieser Verpflichtung herauslösen, ohne ihn von der Wurzel seines Wesens abzutrennen. Das Priesterwesen als abgeschlossener Stand oder als soziale Schicht und damit die weltliche und in der Sündendogmatik wurzelnde religiöse Macht des Priesterstandes sind mit einer heidnisch-naturreligiösen Weltsicht nicht vereinbar. So ist also auch bei der Sonnenwendfeier in erster Linie persönliches Engagement gefragt.

Feueropfer

Rituelle oder kultische Opferhandlungen sind in der ganzen Welt verbreitet. Sie unterscheiden sich erheblich, abhängig von religiösen und soziokulturellen Einflüssen. Auch wenn unsere Wurzeln in unseren heidnischen Vorfahren liegen, vornehmlich den Kelten und Germanen, werden wir nicht den Versuch unternehmen, überlieferte archaische Opferrituale unreflektiert zu übernehmen oder auch nur zu rechtfertigen. Unser Ziel ist vielmehr, den spirituellen Hintergrund für Opferungen historisch übergreifend zu verstehen und so ggf. die Methode des Opferns in einer zeitgemäßen Form für uns neu zu entdecken.

Bei den Kelten und den Germanen galten die Opferhandlungen als zentrale Ausdrucksformen der Religion. Aus beiden Kulturkreisen sind uns die unterschiedlichsten Arten von Opferhandlungen bekannt. Wir finden Pflanzen-, Tier- und Menschenopfer, aber auch Opfer, die rein symbolischen Charakter hatten, z.B. in Gaben-, Reinigungs-, Eid- und Speiseopfer. Die Form des Dankopfers scheint christlichen Ursprungs zu sein, die heidnischen Überlieferungen erwähnen diese Form des Opfers nicht. Das germanische Wort für opfern ist blotan, die Beziehung zum Wort „Blut" ist eindeutig. Weitere Bedeutungsinhalte sind „stärken, mit Kraft erfüllen" und „geben". Im ersten Fall wird angedeutet, daß der Mensch sich durch das Opfer an die Kraftströme des Göttlichen anschließt (vgl. die römische Opferformel „macte esto" – „sei gestärkt"). Auch der Begriff des Gebens hatte in der altgermanischen Zeit einen gewichtigeren Inhalt als heute. Soweit zu den Gemeinsamkeiten.

Im folgenden sehen wir im wesentlichen zwei unterschiedliche Auffassungen vom Opfer miteinander konkurrieren. Zum einen die dämonistisch-theistische Auffassung, die das Vorhandensein personenhafter Wesen betont und den Menschen in der Auseinandersetzung mit diesen sieht. Christliche, jüdische oder islamische Opferhandlungen werden z.B. entweder dazu benutzt, um eine fürchterliche Gottheit durch Gaben zu besänftigen (so ist z.B. Jahwe ein strafender oder zürnender, immer jedoch ein richtender Gott) oder um durch die Erfindung eines „Sündenbocks" einzelne Personen oder ganze Gesellschaftsgruppen von ihrer Schuld zu befreien. Hier steht das Opfer in der Funktion der Besänftigung, der Bitte und, in seiner extremsten Ausprägung, der Bestechung, wenn der Mensch glaubt, zu seinem Wohl auf den „Willen" des vorgestellten Gottes eingewirkt zu haben. Den Grundgedanken des theistischen Opfers definiert die lateinische Formel „do ut des" (ich gebe, damit du gibst). Der Mensch gibt, aber der Gott muss zurückgeben, gibt der Mensch viel, so muss der Gott viel zurückgeben. Der Weg ist vorge-

zeichnet und so erhält das Opfer im Laufe der Zeit den merkantil-kommerziellen Charakter des Systems von Leistung und Gegenleistung und wird zum Zahlungsmittel im Tauschhandel zwischen Mensch und Gott. Mit dem Einzug des Geldes korrumpiert die Ursprünglichkeit des Opfers zum Loskauf aus der Gewalt des Gottes. Die christlichen Ablässe sind das extremste Beispiel. Der Gedanke des Gabenopfers bleibt natürlich außerdem verknüpft mit der Lehre bzw. der Theorie von der Schuldhaftigkeit des Menschen gegenüber dem Gott und dem mangelnden menschlichen Selbstbewußtsein, welches sich nur in sklavischem Bitten und Flehen ertragen kann. Das Ergebnis sind Ergebung und Unterwerfung anstelle aktiver Erkenntnis und selbstbewußter Handlung. Das christliche Opfer, seines metaphysischen Gehalts beraubt, ist so nur noch nutzloser Aberglaube.

Dagegen steht die dynamistische Auffassung der modernen heidnischen Weltsicht: sie deutet die Welt als den Schauplatz eines unaufhörlichen Kräftespiels und sieht den Menschen eingewoben in das Netzwerk dieser Kräfte. Durch sein aktives Eingebundensein erhält der Mensch die potentielle Macht, verändernd in

diese Welt einzugreifen und sich Teile der Kräfte zu eigen oder dienstbar zu machen. Auch das heidnische Opfer hat den Charakter einer Gabe, die den Beschenkten aber nicht zur Gegengabe zwingt, sondern ihm diese vielmehr erst ermöglicht. Der Dynamismus bzw. die Weltsicht, die sich auf ihm gründet, erblickt in der Natur in erster Linie Wechselwirkung und erlebt den Menschen als Naturwesen aber auch -gestalter. Diese ständige Kommunikation und gegenseitige Beeinflussung unterliegen nicht den dogmatischen Theorien von Weltschöpfung und Apokalypse, von Uranfang und endgültigem Ende, sondern stehen im Gesetz des Ausgleichs der Stoffe und Kräfte. Das heidnische Opfer wird heute somit nicht einer bestimmten personifizierten Gottheit zugedacht, sondern dient der Mobilmachung von Kraft zugunsten des Opfernden. Das Mysterium des Opfers eröffnet uns ein großes Entwicklungspotential, aus dem wir schöpfen können, wenn wir wachen Auges und hellen Geistes sind. Wie gesagt: Selbstverständlich wächst nicht „der Weizen höher", weil wir einen Ährenkranz ins Feuer schleudern, aber vielleicht wächst er höher, weil wir uns danach gut gelaunt, befreit, motiviert und psychisch stabilisiert an die Arbeit begeben, ganz gleich an welche.

Nur das Feuer ermöglicht uns die Entmaterialisierung der Opfergaben, ihre Verbrennung bezweckt aber nicht seine materielle Vernichtung, sondern vielmehr die Umwandlung seines grobstofflichen Körpers in einen feinstofflichen. Es ist ein Wechsel der Welten, den wir dem Opfer ermöglichen, und wir geben damit Zeichen, daß wir die Anderen, die Vorausgegangenen, die Ahnen nicht vergessen haben. Die Rauch- und Brandopfer stehen in der Tradition des indogermanischen Butteropfers am Herdfeuer, der als der Sitz der Ahnen gedacht wurde. Aber liegt es nicht nahe, in diesem Sinn den Verstorbenen selbst zum Brandopfer zu erheben und ihn der Feuerbestattung zuzuführen? Der im Leben der Gottnatur Opfer dargebracht hat, wird im Tode selbst zum Opfer – für den naturreligiösen Ästheten sicher eine angenehmere Vorstellung als in Massen auf einem unterirdischen Abfallhaufen zu verfaulen. Für Sühneopfer ist in der heidnischen Weltsicht kein Raum, da nichts zu sühnen ist. Auch die symbolische Tötung von „was-auch-immer" lehnen wir als dämonistisch-theistisch verbrämt ab und nehmen kopfschüttelnd zur Kenntnis, daß z.B. in Heidenheim noch vor etwas mehr als hundert Jahren eine lebende schwarze Katze in einem verschlossenen Korb in die Krone eines Feuerstoßes zu Ehren des Johannes gehängt wurde. Wen wundern da noch die brennenden (Stroh-)Hexen (von: „Hagedisen", Behüterinnen des Hages bzw. des heiligen Hains, also heidnische Priesterinnen und somit natürliche Gegenspielerinnen der christlichen Missionare) auf der Spitze des Johannisfeuers angesichts der grausamen Realität der inquisitorischen Ära! An Dogmatik,

Realitäts- und Naturferne und blindem Wunsch-Glauben hat sich bis heute nichts geändert.

Dem hochlodernden Sonnenwendfeuer werden verschiedene Opfergaben dargebracht. Meistens sind es Kränze oder Büschel aus speziellen Kräutern, oft symbolische Gegenstände zur Unterstützung des Bekenntnisses oder zur Verehrung der Elemente, seltener tierische oder menschliche Bestandteile wie Knochen oder Haarlocken. Mitunter wird dem Opfer künstlich Form gegeben, z.B. als Gebäck oder – auf der höchsten Abstraktionsebene – als Schriftstück mit persönlicher Notiz. Mit der Wahl der Sonnenwende als Opferzeitpunkt vertrauen wir darauf, daß diese zugleich auch die Wende des eigenen Lebens im Sinne unseres Opferwunsches bedeuten kann. Es ist der Zeitpunkt, kritisch zurückzuschauen und eine ehrliche Analyse des bisher Gewesenen anzuschließen, um aus dem gewonnenen Wissen heraus seine persönliche Haltung korrigieren zu können. Die Flammen empfangen, was unserem Wesen abträglich ist, und der Rauch des Feuers trägt den Wunsch auf Erneuerung gen Himmel. Eine spezielle Form der Opferung ist die Beigabe von blühenden Heilkräutern zu den Flammen, um symbolisch auch die Selbstheilkräfte zu aktivieren. Die Opferung von Eichenkränzen stellt die Verbindung zu den Ahnen her. Das Eichenlaub oder das Laub vom Lebensbaum des Verstorbenen folgt so dem gleichen Weg, den der Tote einst genommen hat.

im laufe des tages werden blüten und gräser gepflückt, die dann zum sonnwendstrauss gebunden werden.
im „neunerlei laubhol" werden laubhölzer wie eiche, birke und hasel gebunden. die zusammensetzung der kräuter variiert in abhängigkeit der landschaften, aber wir können sagen, dass grundsätzlich alle kräuter verwendung finden, die „donner..." (donnerdistel), „sonn..." (sonnwendrose) oder „johannes..." (johanneskraut) im namen führen.

wir buben und mädchen, wir kommen gegangen,
den kranz in der hand, den busch auf der stangen.
wir haben der kräuter heilsamen segen
gesucht in den auen, auf rainen und wegen.
was der boden genährt und die sonne erdacht,
stieg in festen gebilden aus gestaltloser nacht.
sie duften nach erde und sind uns ein zeichen,
als erdenkinder der sonne zu gleichen.
ihr kräuter alle, voll duft und kern,
flammt empor wie stern zum stern.
verschlingt nun die blume das feuer so wild,
so wächst doch in uns ihr bleibendes bild!

In die lodernden Flammen
leg' ich das eigene Herz.
Leise zuckt es zusammen
wie von Schmerz.
Aber mit einem ergreift es
die durchläuternde Flut,
und zur Flamme selbst reift es
und zur Glut.

(W. Vesper)

Sommersonnwende und Ahnengedenken

Das Datum der Sonnenwende ist klassischerweise auch der Zeitpunkt des Ahnengedenkens. Ohne dies auf einzelne Tage reduzieren zu wollen, so bieten die festen Feiertage doch eine gute Gelegenheit, der Erinnerung und dem Gedenken an die Verstorbenen zusätzlich öffentlichen und ritualisierten Charakter zu verleihen. Die symbolische Ehrung der Vorfahren ist nicht nur das Bekenntnis zur eigenen Sippe, sondern auch der dem Heidentum zugrundeliegenden natürlichen und ganzheitlichen Weltanschauung. Bestandteile des Ahnenritus können Kranzopfer (Näheres dazu im Kapitel „Feueropfer"), Tischreden, Trinksprüche oder auch Einweihungen und Namensgebungen sein. Insofern in den letzten Monaten unmittelbar vor einer Sonnenwendfeier ein Todesfall in der Gemeinschaft vorausgegangen ist, wird dies den Charakter des Festes sicher zusätzlich beeinflussen.

Nachfolgend seien an dieser Stelle die Worte wiedergegeben, die eine Frau am Feuer sprach, als zur selben Zeit ihr Mann weit entfernt seinen Vater zu Grabe trug: „Wir gedenken unseres Vaters, Bruders, Ehemanns, Onkels und Freundes mit diesem Feuer – möge es zu seiner Ehre hell in die Nacht erstrahlen. Auch unsere Tage sind gezählt. Ein weiteres Jahr ist vergangen seit unserer letzten Sommersonnenwendfeier. So wie wir wissen, daß Vater Sonne heute seinen Zenit erreicht und nun die Nächte wieder länger werden, so neigt sich auch unser Leben mit jedem Tage dem Ende zu. Aber wir verstehen den Tod nicht nur als grausam und unerbittlich, sondern wir wissen, dass er in sich bereits den süßen, vielversprechenden Anfang neuen Lebens birgt. So wie der Frühling dem Winter entspringt, so folgt dem Tod die Geburt. Möge unser Sonnenwendfeuer also nicht nur Erinnerung schüren, sondern auch Hoffnung auf eine blühende Zukunft."

Der Feuerstoß

Der Aufbau des Holzstoßes orientiert sich an bewährten Formen. Klassisch ist das Aufschichten des Holzes in Form eines Kegels um einen kräftigen Wurzelstock aus Hartholz herum, der selbst dann, wenn der Rest schon längst weggebrannt ist, noch glüht und glimmt und so lebendig den jungen Morgen nach der Sonnenwende begrüßt.

Imposanter, aber auch schwieriger in der Vorbereitung ist der Feuerturm. Sein Aufbau erfordert viel Zeit und Sorgfalt. In das Innere des Turmes wird ein langer großer Baum gestellt, um ihn herum im Quadrat unterarmdicke Stämme geschichtet. Die Freiräume werden mit leicht brennbarem Reisig, dünnen Ästen und Stroh ausgestopft. Auch hier kann ganz zu unters ein Wurzelstock eingebaut werden.

Der Feuerstoß kann auch nach Art eines Meilers aufgeschichtet werden. Meistens dient dabei eine große, bis kurz unter die Spitze entastete Fichte als zentraler Stamm, um den herum dann das übrige Brennmaterial (Knüppel, Bohlen, Reisig, Stroh) geschichtet wird. Zuerst wird dabei eine Menge trockenes Reisig mit den Spitzen nach unten schichtweise von unten nach oben um den Stamm gebunden, die sog. Anfeuerschicht. Die nächste Lage bilden dürres Stangen- und Knüppel-

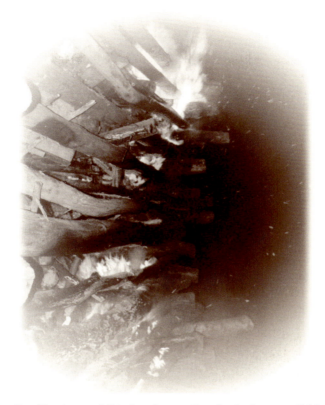

holz und grüne Zweige und Büsche als sog. Rauchschicht, zum Schluß werden außen unterarmdicke Kloben und Stämme dagegengestellt und festgebunden. Eine ähnliche Form entsteht aus dem Zusammenstellen dreier dicht mit Stroh umwickelter Fichten und dem Ausfüllen des pyramidenartigen Hohlraumes mit dem üblichen Brennmaterial.

Falls das Sonnenwendfeuer auch zum Erhitzen der Steine für eine anschließende Schwitzhüttenzeremonie dienen soll, können diese anstelle des Wurzelstocks tief im Inneren des Feuers und ganz zuunterst auf eine Lage dicker Hölzer geschichtet werden. Wichtig ist, daß diese Plattform ihrerseits quer auf zwei besonders dicken Stämmen ruht, damit bis zum Schluss eine gute Belüftung von unten sichergestellt ist. Wenn dann später der Stoß in sich zusammenfällt, können die rotglühenden Steine leicht mit einer Mistgabel entnommen werden.

Ein paar grundsätzliche Regeln sollten bei jedem Sonnenwendfeuer Beachtung finden. Zum Beispiel, daß für den Feuerstoß nur selbstgefälltes bzw. gesammeltes Holz Verwendung findet. Für einen ordentlichen Feuerstoß von 4-5 Metern Höhe braucht man mindestens einen „Hänger" voll Brennholz inklusive Reisig. Holzabfälle (Entrümpelung...) oder auch Anzündhilfen und Brandbeschleuniger (Papier, Benzin usw.) haben bei einem rituellen Feuer nichts zu suchen. Die Holzarbeit, der Aufbau des Feuerstoßes und des Lagers dauert selbst zu viert und mit gutem Werkzeug mindestens einen ganzen Tag und gehört zum Ritual dazu. Bevor der Feuerstoß aufgebaut wird, sollte die Rasenkrume abgehoben und beiseite gelegt werden, um sie im Zuge der Aufräumarbeiten wieder sorgfältig einsetzen und so die Feuerschäden möglichst gering halten zu können. Die Befestigung der Quer- und Stützbalken z.B. beim Feuerturm oder auch das Anbinden des Reisigs darf nur mit natürlichen Schnüren passieren, Drähte oder sogar Plastikseile sind tabu. Auch Nägel dürfen keinesfalls verwendet werden, hier sogar mit ganz praktischem Hintergrund: Nägel können in den Mägen von Weidevieh gräßliche Verletzungen verursachen. Da die wenigsten Privatgrundstücke die Voraussetzungen für eine stattliche Sonnenwendfeier bieten, werden in der Regel entsprechende Arrangements mit Bauern oder Wald- und Weidelandbesitzern getroffen – auch bezüglich der Holzbeschaffung, denn viele Waldbesitzer gehen gerne auf folgenden Handel ein: Wir pläntern und säubern die private Waldfläche und bekommen dafür das Holz kostenlos.

Die beste Zeit für das Entzünden des Feuers ist die hereinbrechende Dunkelheit, so daß das Sonnenwendfeuer den Übergang zwischen Abendrot und Finsternis bildet. Dieser Zeitpunkt versinnbildlicht am besten den abnehmenden Lauf der Sonne. Die Gemeinschaft löscht alle Feuer und Fackeln im Kreis. An dem neuen Feuer wird dann eine Fackel entzündet. Der Fackelträger ist meistens eine Person, die die Gemeinschaft besonders ehren will und ihr deshalb das Privileg des Entzündens des Feuerstoßes zuerkennt. Das neue Feuer kann aber auch auf mehrere Fackeln verteilt werden, diese Privilegierten können z.B. die Jüngstverheirateten sein, die jüngsten Eltern, die Gemeinschaftsältesten, die Kinder, vier anwesende schwangere Frauen usw. Der Feuerstoß wird aus allen vier Himmelsrichtungen oder auch nur aus dem Osten (aufgehende Sonne) entzündet. Besonders stimmungsvoll ist ein ausgedehntes Sinn- oder Mysterienspiel zum Entzünden des Feuers, welches die Botschaft der Sonnenwende symbolisch transportiert – ein Beispiel wird im nächsten Kapitel geschildert.

feuer, wenn du zum himmel flammst, grüsse die sonne, der du entstammst!

künde, dass treu wir gehütet die glut, heiliges erbe, das in uns ruht!

andrea beim bemalen eines wasser-kindes im süden

Das Elemente Mysterienspiel

Das Elemente - Mysterienspiel

Die Tradition des Mysterienspiels geht bis in die Antike zurück, seine Blüte ist allerdings im Mittelalter vorwiegend in der Darstellung biblischer Dramen zu sehen. Die Idee, auch unser Sonnenwendfeuer in einem Rollenspiel zu entzünden und so alle Besucher daran teilhaben zu lassen, kam uns spontan. Vor allem die Vorstellung, auf spielerische Art und Weise eine feierliche Stimmung und eine angemessene Würdigung des Vorgangs ohne gekünstelten Pathos zu erzeugen, gefiel uns sehr. So brauchte auch niemand besonders überredet zu werden, sondern die einzelnen Gruppen begaben sich sofort nach der Einteilung an die Arbeit.

In Windeseile wurden Ideen gesponnen, diverse Utensilien beschafft und Proben durchgeführt. Als Motto hatten wir die vier Elemente bzw. die vier Himmelsrichtungen festgelegt. Nach nur zwei Stunden Vorbereitungszeit waren alle freudig erstaunt über das Ergebnis: Niemand konnte eine perfekt durchorganisier-

frank und dan von der feuergruppe mit heisser körperbemalung

te Dramaturgie erwarten, auch standen keine professionellen Kostüme und Requisiten zur Verfügung, aber all dies wurde mehr als wett gemacht durch die Spontaneität und das Engagement der Teilnehmer – lustig, leicht, beschwingt, gekonnt und engagiert boten alle vier Gruppen ein mitreißendes Schauspiel, das selbst dem medienverwöhnten Anspruch der Jüngeren locker gerecht werden konnte. Jeder war bewegt von dem großen Tiefgang, den das Spektakel trotz hoher „künstlerischer Freiheit" und viel Gelächter am Rande bieten konnte. Am Schluß waren sich alle einig: dies war eine der schönsten Sonnenwendfeiern, die wir je erlebt hatten, Wiederholung Pflicht!

ulrike malt katja wellen auf die stirn

süden - wasser

Wir rufen die Kraft des Südens:
die Kraft des Wassers,
die Kraft der Pflanzen und des Wachstums,
die Kraft der Gefühle,
die Kraft von Unschuld und Vertrauen
die Kraft des Mondes
hierher zu kommen an diesen Platz
in die Heilige Mitte unseres Kreises.

die „nordmänner" stehen bereit
mit trommel, trinkhorn, fackel und räucherschale

daniel räuchert den kreis ums feuer
mit weissem salbei, rolf bietet met an

norden - luft

Wir rufen die Kraft des Nordens:
die Kraft der Luft und der Winde,
die Kraft des Verstandes und der Klarheit,
die Kraft der Weisheit und der Intuition
hierher zu kommen an diesen Platz
in die Heilige Mitte unseres Kreises.

die „westmänner" tragen die erdmutter,
noch verhüllt, auf einem wagenrad.
lü trommelt einen monotonen rhythmus

erdmutter ist wach und begrüsst den kreis

westen - erde

Wir rufen die Kraft des Westens:
die Kraft der Erde,
die Kraft der Felsen und der Steine,
die Kraft des Dunklen und der Innenschau,
die Kraft der Energie,
die Kraft der Magie
hierher zu kommen an diesen Platz
in die Heilige Mitte unseres Kreises.

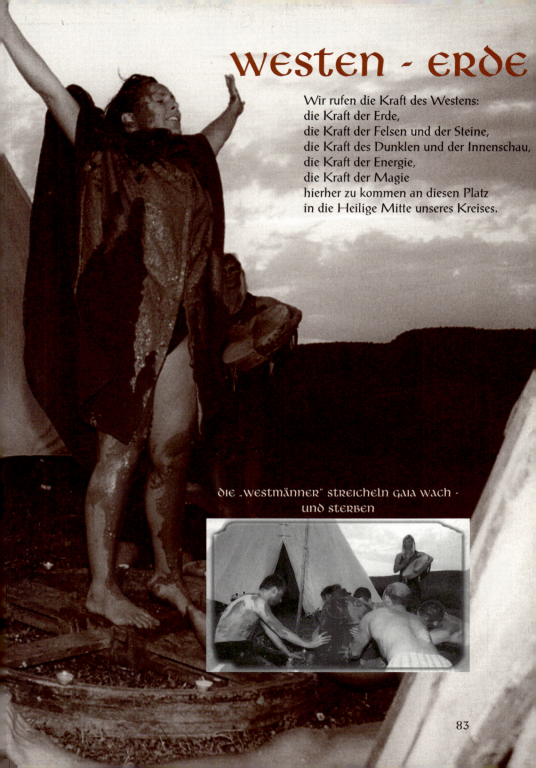

die „westmänner" streicheln gaia wach -
und sterben

die lichtgöttin ist geboren
und bringt dem kreis
das heilige feuer,
mit dem der feuerstoss
entzündet wird

Wir rufen die Kraft des Ostens:
die Kraft der aufsteigenden Sonne,
die Kraft des Feuers und des Blitzes,
die Kraft des Lichtes und der Erleuchtung,
die Kraft der Inspiration
hierher zu kommen an diesen Platz
in die Heilige Mitte unseres Kreises.

osten - feuer

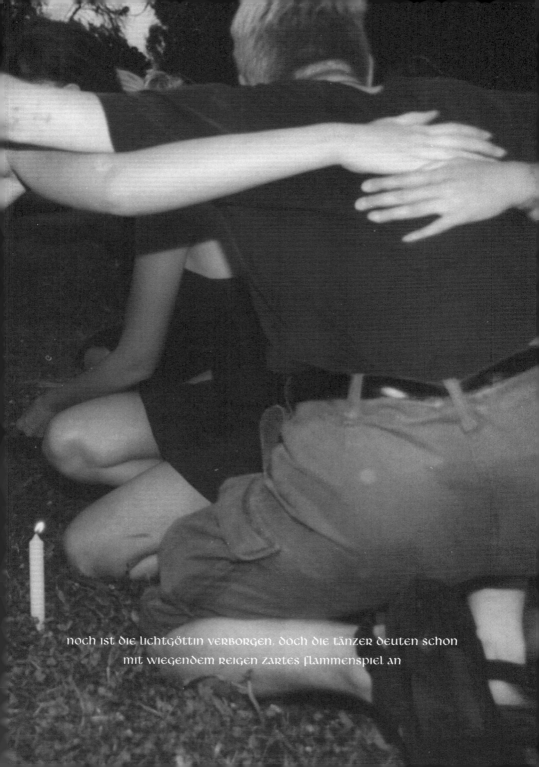

erde lässt uns sein, sie begründet unsere existenz.
die erdenergie lässt unsere körper wachsen,
gedeihen und sich selbst heilen.
sie baut unsere zellen ständig auf und ab,
gibt uns beweglichkeit und geschmeidigkeit.

wasser ist das gefühl im menschen.
der körper besteht zum grössten teil aus flüssigkeit,
wie das meer, aus dem alles leben kommt.
die wasserenergie fliesst in unseren körpern,
reinigt jede zelle und jedes organ, transportiert
und verteilt nährstoffe und spült unnötiges fort.
wasser formt unsere träume.

luft hilft zu verwandeln.
der atem ist lehrmeister, er lehrt uns den austausch,
zu geben und zu nehmen. er verbindet alles lebendige.
die luft trägt unseren atem, sprache und gesang.
die luftenergie stärkt, erfrischt und heilt uns.

feuer bringt unser wesen sichtbar zum ausdruck
feuer ist unser bewusstsein, unser impuls.
die feuerenergie hilft uns, alles unerwünschte
und unechte an dir zu verbrennen.
sie hilft, die aufmerksamkeit auf liebe und herzenswärme
zu richten und dich für uns zu öffnen.
feuer steht für das sichtbarmachen.

unter lautem johlen, schreien und tanzen wird die feuerenergie im holz hochgezogen

die sonne tönt nach alter weise
in brudersphären wettgesang
und ihre vorgeschriebene reise
vollendet sie mit donnergang.
[J. W. v. Goethe]

Feuerräder

Zusätzlich oder auch alternativ zum Sonnenwendfeuer ist der Brauch der Feuerräder überliefert. Feuerräder gehen auf den sog. Questenkranz zurück: Im Harz steht auf dem Questenberg innerhalb einer Wallburg eine entrindete Eiche, an der auf halber Höhe ein Querbalken befestigt ist. Dort hängt das ganze Jahr über der Questenkranz, ein Kranz aus Laub, der oft mehrere Meter im Durchmesser misst. Der alte Kranz wird in der Mittsommernacht abgehängt und dem Sonnwendfeuer übergeben. Am nächsten Tag hängt ein von der Dorfgemeinschaft geflochtener neuer Kranz am Questenbaum, links und rechts flankiert von dicken Heilkräuterbuschen. Die feierliche Kranzverbrennung ist Teil des Ahnengedenkens (s. Kapitel „Feueropfer").

Anstatt den Kranz dem Feuer zu übergeben, kann man ihn auch direkt entzünden. Dazu baut man sich ein Grundgerüst aus dünnen und trockenen Ästen in Form einer HAGAL-Rune, bindet trockenes Reisig und Stroh zu kleinen Bündeln zusammen und bestückt das Grundgerüst mit diesen Bündeln. Zuletzt wird außen nochmals eine Lage Stroh aufgebunden, so daß unser Kranz ein schönes Ebenbild der Sonne darstellt. Zusätzlich kann er noch mit Kräutern und bunten Bändern geschmückt werden. Den Kranz binden wir auf eine große stabile Fichtenstange und stellen diese Stange auf freier Fläche auf. Der Kranz soll dabei etwa in drei bis vier Metern Höhe hängen. Drei Personen benötigen zur Herstellung eines solchen Sonnwendkranzes bzw. Feuerrades etwa zwei Stunden. Der Kranz wird dann entzündet, brennt hell auf und versinkt wie die untergehende Sonne. Ausnahmsweise muß zur Herstellung des Kranzes statt Schnur ein dünner Draht genommen werden, denn sonst fällt der Kranz schon nach kurzer Zeit vollkommen auseinander.

Gib, hohe Sonne, dass ich Tag für Tag
im Steigen mich, wie du, erneuern mag,
dass ich, aus dir geflossen rein und frei,
ein Feuer wirkend, selber Sonne sei!
(Isolde Kurz)

Räderrollen und Scheibenschlagen

Das Radrollen ist einer der wenigen uralten sonnenmagischen Bräuche, der sich – wenn auch nicht mehr weit verbreitet – praktisch unverändert bis in die Gegenwart erhalten hat. Gegenstand des Rituals ist, dass zur Sommersonnenwende große Wagenräder brennend die Hügel hinabgerollt werden, ein riesiges Spektakel mit einer ganz eigenwilligen schaurig-schönen Stimmung. Dem Brauch schreibt man allgemein fruchtbarkeitsfördernde Wirkung zu, wie es uns z.B. aus dem Nürnberger Raum überliefert ist: „Die Knaben umwinden ein Wagenrad mit Stroh, tragen es auf einen Berg, zünden es an, und lassen's springen; soweit das Feuer leuchtet, wird die Frucht schwer." (Wöchentliches Allerley, 27.9.1782). Seinen Ursprung hat das Räderrollen sicher auch in dem Nachempfinden des Sonnenlaufs.

Zur Herstellung der Feuerräder benötigen wir zunächst einmal die entsprechende Anzahl alter hölzerner Wagenräder, die infolge des technischen Fortschritts leider immer schwerer zu finden sind. Die Zwischenräume der Speichen werden dann mit Stroh ausgestopft, nachdem dieses ausgiebig in Pech getränkt wurde. Durch die Nabe wird ein langes Rundholz aus Fichte als Achse gesteckt, um während des Laufens das Gleichgewicht halten zu können. Wir stellen uns nun auf beiden Seiten des Rades auf, halten es an der Achsstange fest und jagen auf Kommando unter wüstem Johlen mit dem brennenden Rad zu Tal, durch Feld und Wiese, bis wir irgendwann in der Senke zum Stehen kommen.

Das Schlagen der Feuerscheiben gehört wie das Räderrollen zu den ältesten Elementen des Sonnwendrituals. Neben dem Abbrennen den Sonnenwendfeuers werden kleine glühende Holzscheiben auf einer Anhöhe mittels langer Stangen über einen schräg aufgelegten Brett abgeschlagen, so daß sie – ähnlich wie Sternschnuppen – in hohem Bogen Richtung Tal fliegen. Die Flugbahn, die die feurigen Scheibe in den dunklen Nachthimmel schreiben, haben einen engen Bezug zur Sonnenbahn, auch dieser Brauch spricht daher die natürliche und die menschliche Fruchtbarkeit an, als Symbol für ein ertragreiches Jahr. Der älteste Beleg für das Scheibenschlagen, wenn auch bei einem Frühlingsfeuer, ist uns im Codex Laureshamensis diplomaticus erhalten geblieben. Der Codex berichtet, daß am 21.3.1090 große Teile des Klosters Lorsch einer Feuersbrunst zum Opfer fielen, die durch unvorsichtiges Scheibentreiben verursacht wurde.

Die Scheiben selbst bestehen aus Buchen-, Erlen-, Birken- oder Föhrenholz, haben etwa 6 cm im Durchmesser und in der Mitte ein Loch. Sie sind mit Öl getränkt, mit Harz bestrichen oder mit Stroh umwickelt. Es gibt runde Scheiben, aber auch vier- oder sechseckige und sogar stern- oder strahlenförmig ausgezackte Scheiben. Zum Abschlagen dient eine bis zu zwei Meter lange Haselrute. Die Scheibenbank, eine Art Abschußrampe, besteht aus einem Brett, welches an einem Ende zwei Füße hat und so in Schräglage im Boden fest verankert wird. Das Scheibenschlagen spielt sich nun wie folgt ab: die Scheibe wird auf die Rute gesteckt und im Feuer brennend oder glühend gemacht, dann dreimal um den Kopf geschwungen und unter Aufsagen eines Spruches an der Scheibenbank abgegellt, d.h. durch ein schleifendes Aufschlagen von der Rute gestreift und gleichzeitig hochgeschleudert. Die Abschlagesprüche gelten zumeist der Braut oder sprechen allgemein einen Fruchtbarkeitssegen aus. Die Scheibe kann ebenso einer persönlich nahestehenden Person oder einem Prominenten gewidmet werden, teilweise auch mit spöttischen Versen.

den flammenberg,
werft den flammenberg auf,
und lasst uns tanzen und singen,
und durch den hellen Glutenhauf'
dem licht entgegenspringen.
so tragen wir die zukunft vor,
wir stolzen, freien, frohen,
und haben der reinen spruch im ohr:
zum lichte wollen wir lohen.

(h. Böhme)

Feuersprung

Die Sitte des Feuersprungs steht mythengeschichtlich in Zusammenhang mit dem Ritt Siegfrieds durch die Waberlohe. Seine symbolische Bedeutung erhielt sich seit Jahrhunderten unverändert. Der Sprung ist entweder die Bekräftigung der Verlobung eines verliebten jungen Paares oder, in Anlehnung daran, die Mutprobe lediger Burschen. Aus symbolischer Sicht gewinnen die Springer Feuerkraft und bekämpfen so ihre Unreinheiten. Der Sprung bedeutet gleichzeitig immer auch ein Teilhaftigwerden am Wesen der Sonne und eine Läuterung zu einem sonnenhaften Menschen. Jeder Sprung steht für sich und sollte nicht wiederholt werden. Die jungen Paare halten sich beim Sprung fest an den Händen, denn nur so gilt die gemeinsame Probe. Der tiefe Sinn des Paar-Sprunges liegt im symbolischen Ausdruck des gemeinsamen Willens zur Bewältigung einer ungewissen Zukunft.

Sonnwendtanz

Dem kultischen Tanz kommt im Sonnwendritual eine große Bedeutung zu. Er vereinigt die gesamte Gemeinschaft im Reigen um das Feuer und ist der lebendige Ausdruck einer fröhlichen, ausgelassenen und erotischen Stimmung. Leoprechting hat uns aus der Mitte des 19. Jahrhunderts einen Tanz um das Feuer beschrieben, der gleichzeitig eine rituelle Umhegung der heiligen Flammen war: Alles bildet einen großen Ring, faßt sich fest um die Hände und dreht sich nun in immer schnellerem Reigen unter dem fortwährenden Ruf: Ahó zuehhi zuen Simmetsfuir, ahó! beständig um diesen flammenden Baum herum, bis zuletzt im Taumel an einer Stelle der Ring zerreißen muß.

dazu tanzt man frei und ausgelassen ums feuer

Die Sünnros

Dieser Tanz wird von 4 Paaren getanzt. Seine Symbolik steht in enger Beziehung zum Sonnenlauf (wie der Name schon sagt), daher wird der Tanz vor allem in die Rituale des Sonnenkultes (Jul, Sommersonnenwende) eingebunden sein. Der Tanz ist ehrlicher Ausdruck tiefer Naturverbundenheit und Lebensbejahung. Er zeugt von einer gesunden und aufrechten Haltung der beiden Geschlechter zueinander. Die hier wiedergegebene Fassung ist die kürzeste, die wir kennen. Sie kann mit eigener Phantasie und Kreativität um weitere Figuren ergänzt und ausgebaut werden.

Musik: siehe Noten (traditionell).

Tanzschritt: Hüpfschritt (ganz einfach).

Aufstellung: Vier Paare im Viereck, je zwei und zwei gegenüber.

Erste Kehre: Takt 1-8(2mal): Alle vier Paare fassen einander zum Kreis und tanzen 8 Takte nach links und 8 Takte nach rechts (Großer Kreis).

Takt 9-24: Die Tänzerinnen haken sich mit ihrem linken Arm in den rechten Arm des Tänzers und fassen mit ihrer rechten Hand die rechte Hand der gegenüberstehenden Tänzerin. Es entsteht so

noten zur sünnros, traditionell

ein Kreuz. Jetzt wird 8 Takte mit der Sonne im Kreis getanzt. Bei Takt 16 ist Wechsel. Die Tänzerinnen lassen die rechte Hand los, die Paare schwenken mit einer halben Drehung herum und die Tänzer reichen einander die linke Hand. 8 Takte lang wird im Kreis gegen die Sonne getanzt, danach die Figur (Mühle) aufgelöst und die Ausgangsposition eingenommen.

Takt 25-32 (2 mal): Die vier Tänzer fassen einander zum Kreis. Die Tänzerinnen stecken ihre Arme unter den Armen der Tänzer durch und fassen einander auf der Brust der Tänzer. Zwischen jedem Tänzer steht, wenn's richtig ist, dann eine Tänzerin. 8 Takte wird so im Kreis gegen die Sonne getanzt (Sünnros). Jetzt heben die Tänzer ihre festgefaßten Arme über die Köpfe der sich etwas beugenden Tänzerinnen und diese ihre Arme über die Köpfe der sich beugenden Tänzer. 8 Takte wird so im Kreis mit der Sonne getanzt, dann die Figur aufgelöst und die Ausgangsposition eingenommen.

Takt 33-40 (2 mal): Jeder Tänzer faßt mit seiner rechten Hand die rechte Hand seiner Tänzerin, dann mit seiner linken Hand die linke Hand der ihm entgegenkommenden Tänzerin des von im aus gesehenen rechten Paares. Die Tänzerinnen bleiben stehen, die Tänzer tanzen 8 Takte im Kreis gegen die Sonne, bis sie auf ihre Ausgangsposition zurückgekehrt sind. Die Tänzer bleiben stehen und die Tänzerinnen tanzen 8 Takte im Kreis mit der Sonne, bis sie ihre Ausgangsposition wieder erreicht haben. Jeder Takt ist dabei ein Hüpfschritt.

Zweite Kehre: Takt 1-8 (2 mal): Jeder Tänzer faßt mit seiner rechten Hand die rechte seiner Tänzerin und beide tanzen auf der Stelle 8 Takte vorwärts und 8 Takte rückwärts. Takt 9-40: siehe erste Kehre.

Dritte Kehre: Takt 1-8 (2mal): Die Tänzer bleiben stehen und klatschen zum Takt in die Hände, während die Tänzerinnen in die Mitte gehen und sich zum Rad zusammenfinden. Dabei fassen sie einander mit dem rechten Arm so, daß die rechte Hand den rechten Arm der vorderen Tänzerin unterhalb des Ellbogengelenkes ergreift. Der linke Arm wird in die Hüfte eingestemmt oder waagrecht weggestreckt. 8 Takte wird so im Kreis mit der Sonne getanzt. Danach erfolgt der Wechsel der Drehrichtung und die Tänzerinnen tanzen 8 Takte im Kreis gegen die Sonne. Die Tänzerinnen kehren auf die Ausgangsposition zurück.

Takt 9-40: siehe erste Kehre.

Vierte Kehre: Takt 1-8 (2mal): Die Tänzerinnen bleiben stehen und klatschen zum Takt in die Hände. Die Tänzer treten vor zum Männerkreis. Getanzt wird analog zu den Takten 1-8 der dritten Kehre.

Takt 9-40: siehe erste Kehre.

Schluß: Takt 1-8 (2 mal): Die Tänzer und Tänzerinnen fassen einander zum großen Kreis und tanzen zuerst 8 Takte gegen und dann 8 Takte mit der Sonne im Kreis.

Der Fackelmarsch

Dieser Tanz wird, wie der Name schon andeutet, nachts mit brennenden Fakkeln um das heilige Feuer oder den Feuerstoß getanzt. Es sind mindestens 16 Tänzer notwendig, die Anzahl der Tänzer muß jedenfalls immer durch zwei teilbar sein. Für die Durchführung des Tanzes ist es nicht erforderlich, daß genau so viele Männer wie Frauen mittanzen, die Tanzgemeinschaft kann bunt gemischt sein. Zu Ende des Tanzes entzünden die Tänzer mit ihren Fackeln den Feuerstoß.

Musik: siehe Noten in Abbildung 25 (Reigen des 16.Jhds).

Tanzschritt: Schreitschritt.

Worte: Verfasser unbekannt. Der Fackelmarsch kann aber auch ohne Gesang ausgeführt werden.

Aufmarsch: Die Fackelträger stellen sich paarweise (hintereinander) außerhalb des Kultplatzes auf. Wenn die Musik beginnt, schreiten die Tänzer bzw. Fackelträger über den Platz auf den Feuerstoß zu. Die brennenden Fackeln werden dabei auf halber Höhe getragen. Vor dem Feuerstoß schwenken die Reihen ab, die linke Reihe nach links, die rechte Reihe nach rechts. Beide Reihen umschreiten in entgegengesetzter Richtung den Feuerstoß und formieren sich zu einem Innen- und einem Außenkreis. Die Melodie wird dabei sooft wiederholt, bis der Aufmarsch beendet ist.

Zur jeder Kehre wird nun eine Strophe des Liedes gesungen.

Erste Kehre: Takt 1-4(2mal): Der Innenkreis tanzt vier Doppelschritte gegen die Sonne, der Außenkreis vier Doppelschritte mit der Sonne. Die Fackeln werden dabei schräg nach oben und innen bzw. außen gestreckt. Mit den nächsten 4 Takten kehren die Kreise (die Tänzer haben vorher kehrt gemacht) wieder auf die Ausgangsposition zurück.

noten zum fackelmarsch (reigen, 16 jhd.)

feuer künden sonnenwende, funkengarben treibt der wind,
frühlingstage sind zu ende, bald die erntezeit beginnt.
sonnenwende bringt kein ende, wenn der sommer auch verrinnt.
durch das dunkel, durch die helle, ewig kreist des jahres rad.
und durch dunkel und durch helle kämpfen wir um unsern pfad.
sonnenwende bringt kein ende, ruft uns auf zu neuer tat.
die in nacht und not sich fanden, stehen treu zu aller zeit,
die das dunkel überwanden, bleiben stets zur tat bereit.
sonnenwende, heilge brände leuchtet fort in ewigkeit.

Takt 5-9 (2 mal): Alle Tänzer wenden sich mit einer Vierteldrehung nach innen. Bei Takt 5 senken die Tänzer des Innenkreises die Fackeln schräg zu Boden, die Tänzer des Außenkreises strecken die Fackeln schräg in den Himmel, bei Takt 6, 7 und 8 wird jeweils gewechselt. Die Wiederholung der Takte 5-9 wird mit Fackelschwingen begleitet, wobei die Fackeln des Innenkreises unten aus dem Handgelenk in Kreisen mit der Sonne geschwungen werden, die des Außenkreises oben in Kreisen gegen die Sonne.

Zweite Kehre: Takt 1-4(2mal): Die Tänzer stehen wieder mit halb erhobenen Fackeln in den Kreisen. Der Außenkreis geht mit vier Doppelschritten vorwärts in Richtung Feuerstoß und senkt dabei die Fackeln zum Gruß. Der Innenkreis geht gleichzeitig vier Doppelschritte rückwärts. Die Wiederholung der Takte 1-4 führt die Tänzer in umgekehrter Weise auf ihre Ausgangsposition zurück.

Takt 5-9(2mal): Bei jedem Takt schwingen die Tänzer die Fackeln in einem großen Kreis vor dem Körper, und zwar der Außenkreis mit der Sonne, der Innenkreis gegen die Sonne. Mit der Wiederholung der Takte wird gewechselt.

Dritte Kehre: Takt 1-4 (2 mal): Die Tänzer des Innenkreises knien nieder und halten die Fackeln in Hüfthöhe. Die Tänzer des Außenkreises gehen mit erhobenen Fackeln in einem Kreis gegen die Sonne um sie herum. Bei der Wiederholung der Takte wechselt die Kreisrichtung und die Tänzer umschreiten die Knieenden in Sonnenrichtung. Danach stellen sich die Tänzer der Außenreihe hinter die Knieenden.

Takt 5-9 (2 mal): Die Tänzer strecken ihre Fackeln schräg vor, die stehenden Tänzer beginnen mit dem ersten Takt die Fackel im Kreise gegen die Sonne, die knienden Tänzer Kreise mit der Sonne zu schwingen. Bei jedem Takt wechselt die Kreisrichtung. Die knienden Tänzer stehen auf und reihen sich zu den stehenden Tänzern in einen großen Kreis. Bei Takt 7 treten alle einen Schritt zurück und grüßen das Feuer, indem sie die Fackeln zu Boden senken. Bei Takt 8 treten alle vier Schritte vor und strecken die Fackeln schräg nach oben in den Nachthimmel.

Entzünden des Feuers: Die Musik wird ohne Gesang noch einmal gespielt. Die Tänzer treten vor und stoßen die Fackeln mit dem Ruf „Heil dir, Kraft der Sonne und des Feuers" in den Feuerstoß. Danach treten sie zurück, die Fackeln bleiben im Feuerstoß.

getanzter und gesungener heilkreis um einen kranken Baum

Die heilige Hochzeit – eine ganz persönliche Sommersonnwendzeremonie

Es ist die Geschichte der Hochzeit mit meiner Frau – meiner wirklichen Hochzeit. Auf dem Standesamt waren wir bereits ein Jahr vorher gewesen, aber die Ringe hatten wir bis dahin noch nicht gefunden. Ich hatte das Muster in den inneren Welten gesehen, aber es manifestierte sich nicht. Jetzt, nach einem Jahr, waren sie plötzlich aufgetaucht, wie als Frage an uns: „Gilt es noch? Meint ihr es noch ernst?" Wir meinten es ernst. Und die Ringe gefielen uns beiden auf Anhieb: ein keltisches Flechtmuster in Silber aus gewundenen Bändern und Rädern.

Aber ganz von vorne: Die erste Zeremonie vor fünf Jahren sollte am Tag der Sommersonnwende stattfinden. An diesem Abend hatten zwei Menschen das Ende ihres roten Fadens in der Hand und betrachteten sich gegenseitig erstaunt von Kopf bis Fuß. Sie machten sich gemeinsam auf, den langen Weg des Erwachens, den Weg des Aufstiegs der Menschen zu den Göttern zu gehen – den Weg des Sich-selbst-bewußt-werdens. Obwohl sie das damals gerade erst zu ahnen begannen ...

Sommersonnwend ist die Zeit des duftenden Heues und der ersten Sommerhitze. Sommersonnwend ist das erste silbrig reifende Grün und der Gesang der Goldammern in den Hecken. Sommersonnwend ist die Kraft der Sonne auf der Haut und Helligkeit, die abends schier nicht weichen will. Für ihn war es ein Gefühl, wie nach Hause zu kommen. Für sie ein nicht enden wollendes Staunen über so viel Licht – sie war eine Tochter der Wintersonnwende, aus tiefster Dunkelheit geboren. Sie begegneten sich in dem Wissen, daß es nicht das erste Mal war. Es war ein wunderschönes Wiedersehen und sie feierten die heilige Hochzeit. Es schien der Gipfel der Welt zu sein und damit für alle Zeiten selbstverständlich, daß sie ab jetzt ein Paar waren. Aber vor dem Flug der Seele steht immer der Gang durch die Unterwelt ...

Nach wenigen Wochen des Liebesrauschs begannen Jahre der schmerzhaften Desillusionierung. Sie sahen sich – sie erkannten sich. Masken wurden langweilig, Luftschlösser stürzten, Fassaden bröckelten. Der Kampf um Identität entbrannte. Die Welt wurde immer dunkler. Dann, eines Tages, brachen die alten Muster Raum: sie trennten sich. Es war der Tiefpunkt. Am nächsten Tag stellten sie fest, daß es wieder Sommersonnenwende war. Heilige Trennung!

Nach einem halben Jahr der eigenen Wege wußten beide, daß sie ohne einander nicht leben konnten und wollten. Eine Aufgabe wartete auf sie – es gab noch etwas gemeinsam zu lernen. Während der Zeit der Trennung waren ihre Seelen aus dem Tiefschlaf erwacht. Beide gingen sie seitdem den Weg der Schönheit und der Kraft – als Lernende...! Und als solche beschlossen sie, dies mit einer Zeremonie zu bekräftigen – um erstaunend zu erkennen, daß dies die eigentliche Bedeutung des Wortes „Heirat" war: „zu etwas Hohem (ge-)raten". Sich gegenseitig auf das Licht hinweisen. Gemeinsames Erwachen...

Drei Jahre nach ihrer ersten heiligen Hochzeit hielten sie erneut Hochzeit – diesmal offiziell, vor den Augen der Öffentlichkeit. Sie hatten gemeinsame Höhen und Tiefen erlebt, hatten einen leuchtenden Engel als Sohn empfangen, und waren in ihren Tiefen erwacht. Trotz all der Schmerzen, die ständiger Begleiter in ihrer Beziehung waren, spürten sie auch beide die Kraft und die Schönheit ihres Lebens, das immer mehr heilte, und waren entschlossen, sich von den Tyrannen der Vergangenheit, die in ihnen regierten, zu befreien und ein Leben in Schönheit zu führen. Aber noch einmal musste des Jahresrad sich drehen, bevor mit den Ringen schließlich auch die Erkenntnis kam, dass die Heirat von zwei Menschen eine Heirat mit dem Universum ist.

In diesem Sommer war Vater Sonne seit ihrer ersten Begegnung viermal gestorben und neu geboren worden, und zum fünften Male feierte er jetzt die heilige Hochzeit mit seiner geliebten Frau, dem Planeten Gaia, seiner Göttin, die ihn zum Gott macht. Den ganzen Tag hatte das Licht die Pflanzen liebkost, hatte das endlose Junigrün mit seinen Lichtsamen besprenkelt, berührt, beleuchtet, und die Erdmutter hatte sich ihm entgegengereckt. Trägheit lag in der Luft, und Trockenheit. Lange zögerte Vater Sonne, seine Geliebte zu verlassen, und lange noch, nachdem er den Himmel verlassen hatte, sangen seine gefiederten Sonnenanbeter die Sterbelieder der Sehnsucht im Westen.

Zu dieser Zeit war der Ort der Zeremonie fertig vorbereitet: auf dem höchsten Punkt eines sanften Hügels, weitab vom Dorf, hatten sie zusammen aus roten Sandsteinen ein Medizinrad mit einer Feuerstelle in der Mitte gebaut, inmitten einer Wiese, die seit fast 25 Jahren verwildern durfte und sie mit dem blumigwürzigen Duft einer abendlichen Juniwiese empfangen hatte. Es war ein heiliger Ort: im Süden wogendes Getreide, Obstbäume und Wald; im Westen die Schwarzen Berge und der alte Vulkan mit dem Eschenheiligtum auf seiner Spitze, hinter dem gerade ein lodernder Abendhimmel brannte; im Norden tief unten im Tal nicht mehr sichtbar das Dorf und die dahinter aufsteigenden Hügelketten, die bereits im bleiernen Blau der Nacht verschwanden, und im Osten hinter einigen Baumgruppen ebenfalls Hügelkette um Hügelkette, hinter denen schon bald wieder das Morgenrot erscheinen würde. Es war still hier oben, nur selten hörte man nach Einbruch der Nacht die wenigen Autos, die noch im Tal unterwegs waren. Schönheit sprang aus jeder der vier Richtungen, und es war unmöglich, sich nicht berühren zu lassen, sich hier an diesem Ort nicht als Beobachter seiner selbst bewußt zu werden.

Eine Eule rief die Traumwesen herbei.

Mit dem Entzünden des Feuers begann die Zeremonie der heiligen Hochzeit.

Duft von weißem Salbei erfüllte die Luft, der Rauch umkreiste den Steinkreis und versiegelte ihn. Dann begann der herbe Geruch der Räucherung in den dunkelblauen Abendhimmel zu steigen. Jetzt treten Stimmen aus der Stille, erzählen und erinnern die uralte Geschichte von der Neuwerdung der Welt, von der Urschöpfung aus dem Nichts, von der Vereinigung der dualen Kräfte von Wakan und Sskwan, Yin und Yang, Licht und Dunkelheit, Göttin und Gott – der heiligen Hochzeit der männlichen und weiblichen Urkräfte. Das ganze Universum ersteht aufs Neue in ihrem Kreis: Sonne und Erde und ihre Kinder: die Pflanzen, die Tiere und die Menschenwesen, die lange Reihe unserer Vorfahren, Zeiten und Räume, Dimensionen. Das Alles. Das Nichts.

Gesänge, Segnungen. Der Kräutertrank, ein uralter Liebestrunk der Menschheit, den unzählige Generationen von Hoch-Zeit-Feiernden getrunken haben, und der das heilende Wissen der Herzöffnung schenkt, wird mit guten Wünschen gesegnet und unter Schütteln und Lachen wegen des bitteren Geschmacks getrunken. Leicht wie ein Nebelhauch beginnt sich die grüne Deva in den Körpern auszubreiten. Wach sehen die Augen von Mann und Frau sich in der rasch fallenden Nacht an. Wärme fließt aus dem Sonnengeflecht, und auch von außen beginnt das aufbrennende Feuer die Haut zu streicheln. Sanft fangen zwei getrennte Energiewesen an, sich aufeinander einzuschwingen.

Im fallenden Abendlicht haben sie zur Vorbereitung Blüten gesammelt, jeder für sich. Daraus legen sie jetzt ein Blütenornament rund um den üppig geschmückten Altarstein am Feuer: den Sechsstern, ein Symbol der vereinigten Kräfte von Mann und Frau. Sie sehen sich an: er hatte fast nur blaue Blüten gesammelt, und sie fast nur gelbe. Ein blaues und ein gelbes Dreieck liegen ineinander vereinigt am Feuer. Ein uraltes Echo schwebt durch die Nacht. Erinnerung fällt.

Ein tiefes, monotones Trommeln ertönt, und mit geschlossenen Augen beginnen beide, in ihre inneren Welten zu reisen. Es ist der alte Weg durch die Nacht: zuerst in die Dunkelheit einzutauchen, den Ängsten und Schatten zu begegnen und dann den Osten zu zelebrieren: die Neugeburt im Licht. Sie erkennen ihre Ängste: die Angst vor Abhängigkeit und Ich-Verlust, die Rivalität und Bedürftigkeit, die alten Verletzungen und Erinnerungen ziehen wie ein Film vorbei. Nach dem Zurückkehren entwerfen sie einen Schutzschild aus den Symbolen der vier Elemente. Er soll die Kraft ihrer Verbindung halten – er hält sie.

Die Nacht erreicht ihre tiefste Dunkelheit, Sternenwesen blicken herab, der Norden grüßt mit einem leisen lauen Wind. Sie schreiben jetzt auf kleinen Zetteln all die Sachen, die sie zurücklassen wollen vom Moment des gemeinsamen Neubeginns an. Hell flammt das Feuer auf mit diesen starken Energien, die es reinigt und transformiert, während der Rauch die Gebete für das Loslassen-können weit empor trägt. Eine Handvoll Weihrauch reinigt die Mitte des Kreises wieder und öffnet den zentralen Kanal. Plötzlich Bewegung, große Schritte bewegen das hoch stehende Gras. Ein Rauschen und Brausen, dichte Energie in der Dunkelheit bewegt sich hin und her, umkreist das Lager des Paares, mal vor, mal hinter ihnen. Herzklopfen – und plötzliches Erinnern: „Großer Pan, sei willkommen, wenn du das bist! Schließlich habe ich dich eingeladen! Gib uns ein Zeichen...!" Jähe Stille, in der plötzlich der süße Flötengesang eines Vogels ertönt. Erdvater hat seinen Segen gegeben.

In der Tiefe der Nacht erscheint im Osten ein Licht: Mondin kündet mit ihrer Sichel von Vater Sonnes Gegenwart auf der anderen Seite der Erde. Sie sitzen jetzt still und lauschen dem Gesang der Nacht. Aneinandergelehnt, unter einer Decke gewärmt, atmen sie das tiefe Wissen der Dunkelheit, die Kraft der Mutter Erde, in sich hinein, und folgen den flackernden Flammen des kleinen Feuers durch die Nacht. Frau Eule kommt, um ihnen den Traum vom Frieden zu bringen.

Mondin ist noch nicht ein Sechstel ihrer Himmelsbahn gezogen, als sich wieder Vogelgesang erhebt. Erst ist es nur die einzelne Stimme einer Amsel, aber bald fallen andere ein, und nach einer viertel Stunde ist die Luft erfüllt mit der Morgensonnensymphonie. Die Wälder im Osten heben sich scharf ab von dem rasch wachsenden Lichtstreifen, der den Beginn des längsten Tages ankündigt. Sonnenspirit bereitet sich vor, auf dem jährlichen Höhepunkt für einen Moment das Universum zu stoppen.

Von Westen her hat sich inzwischen bis zur Himmelsmitte eine Wolkenfront geschoben. Böiger Wind kommt auf, aber noch ist es sehr warm. Nackt stehen sie im Kreis und geben jetzt den Elementen ihre Entscheidung bekannt.

„Kraft des Nordens, Kraft der Nacht, die hinter uns liegt. Kraft der Bewegung und der Winde, Kraft der Tiere, heiliger Pan: segne unsere Verbindung mit deiner Kraft und Weisheit, schenke uns die Kraft der Klarheit und des Wissens, und die Kraft der richtigen Bewegung im richtigen Moment. Begleite uns mit deinem frischen Wind."

Die Bewegung der Windgeister umflutet ihre Körper, umkreist und liebkost sie. Wolken kommen näher, fluten über die Pässe im Westen und umhüllen die Gipfel der Berge. Die beiden schauen sich an, wenden sich dann nach Osten, zum Feuer im Kreiszentrum und dem Feuer am Morgenhimmel, wo die ersten Wolkenschleier an ihren Säumen hell aufglühen.

„Kraft des Ostens, Feuerkraft! Kraft der aufgehenden Sonne und der neuen Hoffnung, Kraft des Neubeginns – sei mit uns, segne unsere Verbindung mit dem Feuer der Kreativität, mit Inspiration und der Kraft der Erleuchtung. Sei unser Begleiter und wirf Licht auf unsere gemeinsame Vision!"

Wieder sehen sie sich an, lachen, fassen sich an den Händen und springen über das Feuer im Zentrum ihres Kreises. Dann zischt es, als die ersten Regensamen im Feuer verdampfen. Mit ausgestreckten Armen empfangen sie den lauwarmen Schauer.

„Kraft des Südens, lebensspendendes Wasser: sei willkommen bei unserer Zeremonie! Segne uns, schenke uns die Kraft des Fließens, die Fähigkeit mit der Unschuld von Kindern gemeinsam zu Singen, Tanzen und Lachen. Schenke uns Vertrauen und Hingabe an den Fluß des Lebens!"

Vor dem stärker werdenden Regen ins Zelt geflüchtet, ordnen sie einen kleinen Altar und entzünden eine Kerze.

„Kraft des Westens, Kraft der Erde – Gaia, Großmutter Erde! Segne auch du unsere Hochzeit! Segne uns mit all deinen Gaben: gib uns immer Schutz und Nahrung, Kleidung und Heilung! Lehre uns, mit der Dunkelheit in uns zu tanzen. Nimm uns an als deine Kinder! Und hab Dank für deine Geschenke!"

Gegenseitig bieten sie sich aus einer Schale köstliche rote Erdbeeren an und öffnen damit ihren Körper für neue Energie von Mutter Erde. Sie entkorken eine Flasche roten Wein, lange gehegt für diesen Moment, und füllen zwei Pokale aus blauem Glas. In einer selbstgeschnitzten Holzdose liegen die Ringe, die sie jetzt zur Hand nehmen.

„Ihr heiligen Kräfte der Himmelsrichtungen und der Elemente! Stärkt mit eurem Da-Sein diese Beziehung zwischen Mann und Frau! Stärkt unser Band, das wir mit diesen Ringen bekräftigen und bezeugen wollen. Stärkt unseren Weg der Schönheit und der Kraft, den wir zusammen gehen wollen!"

Mit den Worten „Bis daß die Kraft uns scheidet!" stecken sie sich gegenseitig die Ringe an die Finger. Der Morgen erwacht mit aller Kraft. Sie stoßen an mit den Wein-Pokalen und besiegeln die Verbindung. Ihre Augen treffen sich und sie merken beide zugleich, daß es draußen wieder aufgehört hat zu regnen. Ein leichter Dampf liegt in der Luft, die sich kaum abgekühlt hat, während sie noch immer unbekleidet in den neuen Tag hinaustreten. Mücken tanzen über tropfenden Gräsern und eine weiße Rauchfahne steigt vom Feuerplatz in die Höhe. Die Flammen brennen schnell wieder auf, als neues Holz aufliegt, und während er sich im Morgenlicht umsieht, wird ihm die unglaubliche Klarheit der Situation bewußt: es gibt jetzt nur noch die Wiese mit dem Steinkreis unter einem hoch aufgetürmten Himmel, das Lager aus Schaffellen am Feuer, das sie bereitet hat, das Blütenmandala, das jetzt mit glitzernden Regentropfen geschmückt ist, und die uralte Weisheit von der ewigen Anziehung zwischen den Urkräften von Mann und Frau. Es braucht keine Worte mehr, als er die heilige Pfeife stopft und noch einmal den Himmelsrichtungen und schließlich dem uralten Tanz von Sonne und Erde anbietet. Greenspirit kommt, und während sich Shiva und Shakti verbinden, tanzen Blitze am Himmel und rollen die Donnerwesen zwischen den Hügelketten und den Bergen hin und her.

Yin und Yang. Wakan uns Sskwan. Quetzal und Coatl. Freyja und Freyr. Nut und Geb. Isis und Osiris. Immer der gleiche Tanz, und doch wird das Universum jedes mal aufs Neue erschaffen. Ein Lichtblitz durchschneidet die ewige Dunkelheit des Urchaos, und Manifestation beginnt. Es ist der Morgen des längsten Tages. Es ist das Fest der heiligen Hochzeit – unserer Hoch-Zeit. Ich danke dem Mysterium der Existenz für unsere Begegnung. So sei es.

Gerhard Popfinger

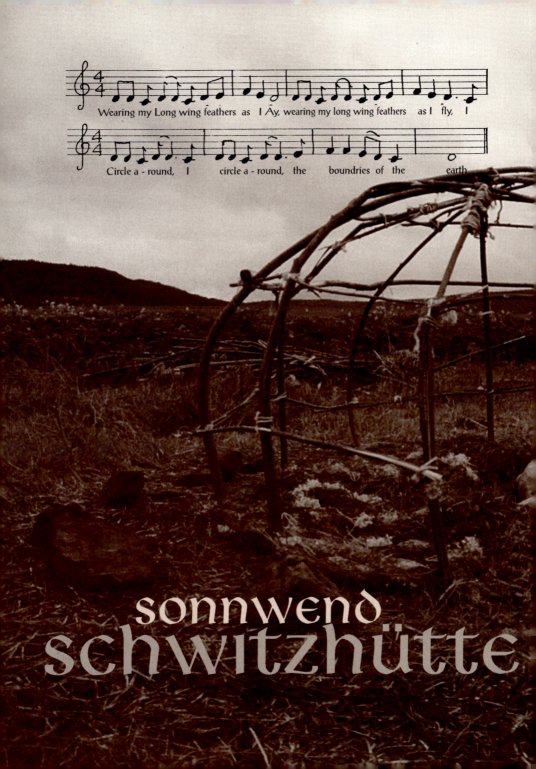

sonnwend schwitzhütte

Boden der Schwitzhütte ist mit Holunderblüten ausgelegt

vorbereitung der löcher für die 12 stangen

einsetzen der weidenrutenstangen

Aufbau der Schwitzhütte

die 12 stangen vor dem zusammenbinden

Die Schwitzhüttenzeremonie zur Sonnenwende

Schwitzhütten sind eines jener universellen Rituale, die sich für alle Lebens- und Jahreskreisfeste eignen. Auch individuelle Anlässe wie Hochzeiten oder Blutsbrüderschaften werden durch eine zeremonielle Schwitzhütte erheblich aufgewertet, weil sie so nicht unter „Alltagsbewußtsein" stattfinden, sondern ganz körperlich und intensiv empfunden werden. Wann immer Abstand gewonnen, Luft geholt und innegehalten werden soll, dann greifen wir auf die Schwitzhütte zurück, die uns hilft, Kraft und Phantasie für neue Gedanken zu schöpfen.

Die Schwitzhütte selbst ist ein Rundbau aus Weidenruten, die entlang der Himmelsrichtungen gebogen und mit beiden Enden zusammengebunden werden. Zur Stabilisierung werden weitere Ruten quer eingeflochten. Danach wird die Hütte mit vielen Decken und Planen fest verschlossen bis auf einen kleinen Eingang, der aber ebenfalls zugeklappt werden kann. In der Mitte befindet sich ein kreisrundes Loch, in das dann nach und nach die glühenden Steine aus dem Feuer vor der Hütte gegeben und mit Wasser begossen werden – ähnlich wie in der Sauna, deren Vorläufer die Schwitzhütte ist. Die geschichtlichen Wurzeln der Schwitzhütte sind bei den heidnisch-naturreligiösen Völkern und traditionellen Kulturen vorchristlicher Zeit zu suchen. Immer wieder werden indianische Schwitzhütten erwähnt, vor allem in der Tradition der Büffel-jagenden Stämme (Plains). Aber auch in Europa gibt es viele alte Vorbilder, z.B. berichtet Herodot von den Hanf-Räucherungen und Schwitzhüttenritualen der nordischen Skythen.

Wesentliche spirituelle Aspekte der Schwitzhütte sind die Nacktheit, die Reinigung von Körper, Seele und Geist und der Ablauf in unterschiedliche Phasen bis hin zu ekstatischen Zuständen im direkten Kontakt mit den ursprünglichen Elementen des Lebens. In seiner Direktheit und Intensität ist das Schwitzhüttenritual wie kein anderes geeignet, die naturreligiöse Beziehung des Menschen zur Erde und zur Sonne erlebbar zu machen. Das nackte Verharren im Erdloch lässt uns deutlich die eigene Herkunft erfahren, die Parallele zum embryonalen Stadium im Mutterschoß ist offensichtlich, gleichsam Sinnbild der Erdmutter, die alles aufnimmt, wandelt und wieder neu hervorbringt. Mit den heißen Steinen wird symbolisch der Samen von Vater Sonne hineingetragen. Ihr Glühen verbreitet fahles, rötliches Licht – eine gleichermaßen beklemmende wie heilige und aufregende Atmosphäre. Danach durchleben wir eine Genese über mehrere Stadien des Loslassens, Abbauens, Wünschens und Aufbauens, bevor wir Stunden später die Schwitzhütte mehr krabbelnd als laufend wieder verlassen. Doch mit den ersten

tiefen Zügen frischer klarer Nachtluft blühen wir wieder auf, körperlich gestählt und nun fast unempfindlich gegen jede Witterung, reich an Erfahrung und Gedanken, ein wenig stolz auf die eigene Leistung. Und es ist wie eine kleine Geburt für jeden, wir sehen deutlich das Geschenk, das wir empfangen haben: Die Vermählung von Sonne und Erde hat uns, den Menschen, hervorgebracht.

Was die Ausgestaltung der verschiedenen Schwitzhüttenrunden betrifft, gibt es unterschiedliche Ansätze. Auch die Frage, ob jeder Teilnehmer einen eigenen aktiven Sprech- oder Gesangspart übernehmen sollte oder ein Schwitzhüttenleiter allein die Zeremonie durchführt, ist letztlich nicht entscheidend. Die Symbolik variierbar und sollte nicht zu dogmatisch betrieben werden. Man sollte auch nicht vergessen, daß es sich hier um ein Geschenk unserer roten Schwestern und Brüder handelt und daher nicht „verkauft" werden darf. Die ideale Schwitz-hüttenzeremonie ist daher eine Veranstaltung unter Freunden und Familienmitgliedern, ohne „missionarischen" Auftrag oder gar kommerziellen Aspekt.

Dennoch seien an dieser Stelle zwei unverbindliche Anregungen gegeben, wie die verschiedenen Runden einer Schwitzhüttenzeremonie ausgestaltet werden können:

In der 1. Runde rufen wir die Kräfte herbei (sog. 20-Count). Wir danken den Elementen für ihre Anwesenheit und bitten sie um Hilfe und Unterstützung. Und wir ehren unsere Ahnen. Dann beten wir für uns selbst.

In der 2. Runde beten wir für andere: für unsere Verwandten und Freunde, für die Gegangenen und die Kommenden.

Die 3. Runde ist das „give-away" – wir bitten, abgeben zu können, was wir nicht brauchen, nicht wollen, oder was nicht gut für uns ist, damit es zurückfließt in den großen Kessel, um neu gemischt zu werden. Auch bitten wir darum, gute Kräfte zu erhalten aus dem Großen Ganzen, um Gutes und Schönes wirken zu können.

Die 4. Runde trägt unseren Dank für die Erde und die anderen Menschen. Wir richten unsere Gedanken auf Mutter Erde, stellen uns ein auf sie als atmenden, lebendigen Organismus, dem wir gänzlich verhaftet sind. Wir erbringen ihr unseren Respekt und geloben ihren Erhalt, sowie all den anderen Wesen, die sie hervorgebracht hat. Und so beten wir auch für andere, die uns nahe stehen. Wir bringen unsere guten Wünsche für diese Mitmenschen auf den Weg. In der vierten Runde lassen wir alle Energien fließen, öffnen uns ganz, geben uns hin, streifen letzte Form und Konvention ab, trommeln und singen uns zum großen Finale.

Die Schwitzhüttenzeremonie, die wir im Anschluß an unser Mysterienspiel spontan entwickelten, stellt sich ein wenig anders dar, denn hier werden die Runden den einzelnen Elemente-Energien gewidmet:

Wir beginnen die 1. Runde mit dem Element Wasser, erzeugen also eine spielerische und fließende Energie in der Hütte – ideal als Vorbereitung auf das Kommende.

Die 2. Runde steht im Zeichen der Luft, da geht es philosophisch zu, heiß, eventuell psychoaktiv unter Zuhilfenahme geeigneter Kräuter.

In der 3. Runde gehen wir in die Erde, nach innen, werden schwer und bodennah, legen uns „sterbend" nieder.

Aber mit der 4. Runde wird unser Feuer neu entfacht, wird richtig heftig „aufgekocht". Die Neugeburt in den Osten soll unter Ekstase erfolgen: wir fassen uns an den Händen, lassen Energie fließen, ziehen Energie, der Wasserdampf kocht auf der Haut, wir schreien ... und endlich geht die Klappe auf!

Da wir oft danach gefragt werden, abschließend noch einige praktische Tips:

- Lieder und Gebete: Aus traditionellen Gründen werden viele englische Lieder indianischer Herkunft gesungen, einige davon haben mittlerweile einen deutschen Text (siehe Lieder in diesem Buch). Aber auch Runengesänge, Mantren oder einfach nur Töne sind stark und wirken mächtig.

- Trommeln und Rasseln: unbedingt mit hineinnehmen, Clapsticks erzeugen eine sehr interessante akustische Energie.

- Steine: gut sind Basalt, Granit oder Gestein vulkanischen Ursprungs, schlechter geeignet ist Sandstein, wasserhaltiges Gestein neigt zum Zerspringen.

- Altar: er sollte immer und von allen Teilnehmern mit besonderer Sorgfalt aufgebaut, geschmückt und gepflegt werden. Auf ihm können vor Betreten der Hütte Totems, Schmuckstücke oder zu weihende Gegenstände abgelegt werden.

- Räucherung: jeder heiße Stein wird mit Räucherwerk willkommen geheißen („Hallo, schöner heißer Stein, sei willkommen, gib uns gute Hitze und verletze keinen"). Traditionelle Kräuter sind Weißer Salbei, Süßgras, Zeder, Pinie, Wacholder; die Skythen räucherten Hanf – und leicht psychoaktive, aber legale Pflanzen wie Damiana oder Habichtskraut erzeugen interessante Wirkungen.

- Pfeife: ein kleines Pfeifenritual zu Beginn der 1. Runde kann nie schaden und hilft, sich auf die bevorstehende Zeremonie einzustimmen.

- Blütenbett: man kann den Boden der Hütte mit Holunder- oder Lindenblüten ausstreuen (schweißtreibende Kräuter) oder mit Rosenblättern (aphrodisierend).

- Doch Vorsicht: die Schwitzhütte ist ein sehr mächtiges Ritual und wir empfehlen, die erste Erfahrung unbedingt bei einem Leiter zu machen, der weiß, was er tut.

Our Magic is our give away, our magic is our song, so give away your love today, a sing the whole day long.

Björn räuchert die Schwitzhüttengänger vor dem Betreten der Hütte mit weissem Salbei ab: für alle meine Verwandten – zur Feier des Volkes, aho

Mittsommer mit Aborigines

Um der menschgemachten Religionen Willen ist schon soviel unbeschreibliches Unrecht geschehen, daß es die Steine zum Weinen bringen könnte, und leider ist kein Ende in Sicht. Die archetypische, heidnische Naturreligion dagegen verbindet die Menschen in ihrem Innersten, bei allem gebotenen Respekt vor den regionalen und kontinentalen Unterschieden. Im österreichischen Linz an der Donau nahmen jüngst sechs Aborigines aus Australien an einer Sonnwendfeier der germanisch-heidnischen Gemeinschaft „OdinicRite" teil und trugen selbst mit wesentlichen Elementen zur Ritualgestaltung bei. „Eure eingeborene Religion ist unserer sehr ähnlich", stellten sie fest – und wir realisieren mit warmem Schauder die Weisheit dieser Worte...

Die Aborigines sind Mitglieder einer Gruppe von Musikern, Tänzern und bildenden Künstlern, die zu einem Kulturaustausch nach Österreich kamen, hier gemeinsam mit heimischen Künstlern arbeiteten und bei Auftritten ihre Musik und ihre Tänze präsentierten. Sie freuten sich darauf, ein Mittsommer-Ritual mitzuerleben und damit ein Fest einer „native religion" aus Europa kennen zu lernen. Und sie erklärten sich bereit, das Sonnenwendfeuer auf traditionelle Weise mit dem Feuerbohrer zu entzünden – was wiederum ein bewegendes Erlebnis für die Österreicher war.

Aborigine und Odinisten beim Gebet

Auf einer Wiese am Ufer der Donau wurde einen Nachmittag lang gemeinsam Holz gesammelt, gegessen und getrunken. Die Aborigines zeigten, wie man Bumerang wirft und Didjeridoo bläst, und die OdinicRite-Leute gaben Auskunft über den Sinn des Festes, die germanischen Göttersymbole und die rituellen Geräte und Opfergaben. Alle Teilnehmer wurden in den Schutzkreis einbezogen und der Platz der Verehrung der Gottheiten beider Länder und Völker, der Mutter Erde und der Sonne geweiht – das symbolische Bild von der Verwandtschaft aller Wesen als Blätter und Früchte am Weltbaum konnte der Stimmung des treffendsten Ausdruck verleihen.

Der Ballen trockenen Grases, welches mit dem Feuerbohrer entzündet worden war, ging durch die Runde, und jeder Teilnehmer blies in die Glut, damit das Feuer vom Atem aller genährt würde. Im weiteren Verlauf der Zeremonie hielten die Aborigines sich zurück, denn sonnen-magische Riten sind in ihrer Kultur den Schamanen vorbehalten. Als nach dem Trankopfer das Methorn kreiste, tranken sie aber alle mit.

Den Abschluss bildeten Gesang und ein Opfer von Räucherwerk. Später stellte der Sprecher der Aborigines fest, dass die "native religions" eine sehr wichtige große Gemeinsamkeit hätten: den großen Respekt vor der Erde und der Natur, der im OdinicRite-Ritual gezeigt wurde. Er hatte damit abermals allen Beteiligten aus der Seele gesprochen...

tanzen, während der feuerbohrer heiss läuft

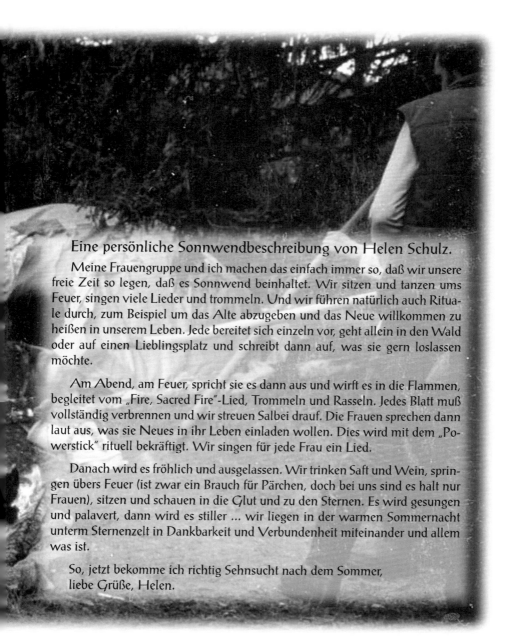

Eine persönliche Sonnwendbeschreibung von Helen Schulz.

Meine Frauengruppe und ich machen das einfach immer so, daß wir unsere freie Zeit so legen, daß es Sonnwend beinhaltet. Wir sitzen und tanzen ums Feuer, singen viele Lieder und trommeln. Und wir führen natürlich auch Rituale durch, zum Beispiel um das Alte abzugeben und das Neue willkommen zu heißen in unserem Leben. Jede bereitet sich einzeln vor, geht allein in den Wald oder auf einen Lieblingsplatz und schreibt dann auf, was sie gern loslassen möchte.

Am Abend, am Feuer, spricht sie es dann aus und wirft es in die Flammen, begleitet vom „Fire, Sacred Fire"-Lied, Trommeln und Rasseln. Jedes Blatt muß vollständig verbrennen und wir streuen Salbei drauf. Die Frauen sprechen dann laut aus, was sie Neues in ihr Leben einladen wollen. Dies wird mit dem „Powerstick" rituell bekräftigt. Wir singen für jede Frau ein Lied.

Danach wird es fröhlich und ausgelassen. Wir trinken Saft und Wein, springen übers Feuer (ist zwar ein Brauch für Pärchen, doch bei uns sind es halt nur Frauen), sitzen und schauen in die Glut und zu den Sternen. Es wird gesungen und palavert, dann wird es stiller ... wir liegen in der warmen Sommernacht unterm Sternenzelt in Dankbarkeit und Verbundenheit miteinander und allem was ist.

So, jetzt bekomme ich richtig Sehnsucht nach dem Sommer,
liebe Grüße, Helen.

Danksagung

Dieses Buch wäre nicht entstanden ohne die Vorarbeit vieler Menschen, die Ihre Gedanken zum Thema beitrugen - in ihren Schriften, durch ihre Arbeit, durch ihre Fotos, aber auch in der Diskussion oder einfach durch gutes Vorbild.

Besonderer Dank gilt allen, die den Mut hatten, ihre persönlichen Fotos und Aufzeichnungen für eine Veröffentlichung zur Verfügung zu stellen. An dieser Stelle Dank an Helge Folkerts, Helen Schulz, Gerhard Popfinger, Andrea und Ralf Wölfel, Jörg Rohfeld, Fritz Steinbock, Volkert Volkmann und Berthold Röth für ihre Unterstützung in Wort und Bild sowie Andreas Ritter für viele Fotos.

Bei allen Nichtgenannten und Nichtbedachten möchten wir uns vorsorglich entschuldigen. Genauso für den eventuell „laxen" Umgang mit weiteren Quellen, aber eine kühle wissenschaftliche Zitierweise würde dem Charakter des Werkes zuwider laufen.

Dank auch an die indianischen Ahnen für die Überlieferung der Schwitzhüttenlieder und ihrer Medizinrad-Weisheit und an Lu Lörler für einige Anregungen.

Edition Björn Ulbrich

Das vorliegende Buch ist Band 5 der Edition Björn Ulbrich, einer Ratgeber- und Nachschlagebibliothek für modernes naturreligiöses Leben, in der in loser Reihenfolge Bücher, Videos und CD's erscheinen. Diese Themen sind geplant:

- Der Götterwinkel. Hausaltäre, heilige Schreine und Ahnennischen.

Sie können sich daran beteiligen, indem Sie:

- Uns Fotos und kleinere Texte über verschiedene Rituale zur Verfügung stellen, die wir in bestehende oder neue Projekte einbauen können.
- Genug Material für ein eigenes Büchlein gesammelt haben.
- Uns Kontakte zu interessanten Personen vermitteln.
- Uns einfach Ihre Meinung zu dem vorliegenden Büchlein sagen.

Bereits erschienen:

- Björn Ulbrich/Holger Gerwin: Die geweihten Nächte. Rituale der stillen Zeit. Ein Ratgeber für Weihnachten.
- Helge Folkerts: Frauenkreise. Feste, Feiern, Rituale - um die Heilige Mitte.
- School of Lost Borders: Erwachsenwerden in der Wildnis. Visionssuche mit Jugendlichen. (VHS-Video)
- Voenix/Holger Gerwin: Der Jahreskreis. (vierfarbiges Poster)
- Helge Folkerts: Symbol-Gebäck. Für Körper, Geist und Seele im Rad des Jahres und des Lebens.
- Björn Ulbrich/Holger Gerwin: Die Hohe Zeit. Rituale und Zeremonien für Hochzeit, Lebensbund und Familie.
- Voenix/Björn Ulbrich: Das Medizinrad. (vierfarbiges Poster)

Bezugsquelle

GAIA-Versand für Naturreligion, Schamanismus und Spirituelle Ökologie, Mühle im Hexengrund, 07407 Engerda, Tel.: 036743-23312, Fax: 036743-23317, service@gaia-versand.de, www.gaia-versand.de. Farbkatalog kostenlos!